大展好書　好書大展
品嘗好書　冠群可期

大展好書　好書大展

品嘗好書　冠群可期

武術特輯
101

太極拳入門

《中華武術》編輯部 編

李德印
門惠豐 主講

大展出版社有限公司

前　言

　　太極拳，是中華民族寶貴的文化遺產，它融防身健體，袪病養性於一體，以其行雲流水般的運動節律，日益受到廣大中、外朋友，尤其是中、老朋友的喜愛。

　　近年，中、老年人的健康已成爲一個突出的社會問題。爲了使更多的中、老年朋友強身健體、延年益壽和爲人類社會的發展、進步做出更多的貢獻，《中華武術》雜誌與中央電社台社教部聯合舉辦了 CCTV 電視系列講座《太極拳入門》，並由本刊負責編輯這部電視教材。教材包括《簡化太極拳》、《太極拳競賽套路》和《太極劍競賽套路》。本教材遵循循序漸近的原則，本著由淺入深、由易到難、由徒手到器械，進行教學。力求科學、嚴謹、規範。除動作說明、要點外，還增加了動作的攻防含義、易犯錯誤及糾正方法等，是初學者的良師益友，也是太極拳輔導員，教練員不可多得的教學參考資料。

　　本教材在編寫過程中，得到了北京體育學院武術教研室闞桂香副教授的大力支持，在此，深表謝意。

編者

目　錄

上　篇

上　篇
簡化太極拳

主講教師：

中國人民大學副教授　李德印

第1講

【學習內容】

簡化太極拳介紹及全套動作示範。
預備姿勢及第一組動作（1～3動）。
太極拳身型和動作要領。掌型和弓步規格。

【動作提要】

預備勢——身體自然站立。
一、起勢——兩腿馬步半蹲，兩掌下按。
二、野馬分鬃——連續上步，左右弓步分靠。
三、白鶴亮翅——收腳跟步，左虛步分掌。

【動作說明】

預備勢

身體自然直立，兩腳併攏，腳尖
向前、兩腿自然伸直，胸腹自然放
鬆；兩臂下垂，兩手垂於大腿外側，
手指微屈；頭頸正直，下頦回收，口
閉齒扣，舌抵上腭，精神集中，表情
自然；眼平視前方（圖1-1）。

圖1-1

一、起　勢

1. 左腳開立　左腳向左分開半步，兩腳平行向前同肩寬，成開立步（圖 1-2）。

2. 兩臂前舉　兩臂慢慢向前平舉，與肩同高、同寬，自然伸直，肘關節微屈，肘尖下垂；兩手心向下，指尖向前（圖 1-3、4）。

3. 屈腿按掌　兩腿慢慢屈膝半蹲，重心平均落於兩腿之間，成馬步；兩掌輕輕下按至腹前，如按在身前的書桌上；上體保持舒展正直，如端正地坐在椅子上；眼平視前方（圖 1-5）。

【練習要點】

1. 起勢動作中出現的開立步和馬步是太極拳的輔助步型。兩腳要平行向前，與肩同寬，不要撇成八字。體重平均放於兩腿。

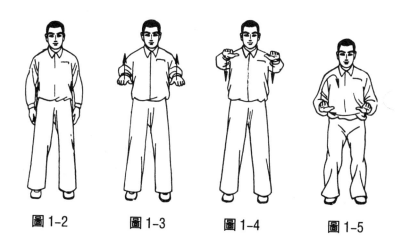

圖 1-2　　　　圖 1-3　　　　圖 1-4　　　　圖 1-5

2. 由併步站立變轉到開立步時，應首先使左膝放鬆，使身體重心大部分落在右腿上。要腳跟先離地，隨之前腳掌再離地，輕輕地提全腳。不要全腳掌同時拔起離地。提左腳向左側邁出時，以不超過右踝骨的高度為宜，右腿也不要彎屈。落腳時前腳掌先著地並使腳尖向前，隨之全腳掌逐漸踏實。不要全腳掌同時著地，如同「砸夯」一般。上述重心轉換雖然簡單，但體現了太極拳運動「輕起輕落、點起點落」這一重要的步法規律。

3. 手臂前舉時，兩手先在兩腿外側將掌心轉向後方（正北），隨即兩臂慢慢地向體前平舉，好像要把一根下端踩在腳下、上端繫於手腕的橡皮筋拉長扯起似的。這個比喻既說明了如何用力，也說明了動作時可有這樣的意念活動。注意腕關節不要過於鬆軟，不要出現指尖朝下的「折腕」。

4. 做下按動作時，要求做到如下三點：

①下按時的用力和用意，有如要將水面上漂浮著的一塊木板按入水中一樣。

②兩掌要有主動下按的動作，直按到兩手與腹同高。兩臂、兩掌不要只是被動地隨屈膝而下落，停在與胸同高的位置上。

③按掌時手心朝下，按到終點時須展掌、舒指，避免手指朝上的「坐腕」。

5. 上體要保持正直，不要前俯後仰。為此身前的肘尖、膝蓋、腳尖和身後的脊背、臀部、腳跟基本在一條與地面垂直的直線上。腰部和胯部應力求放鬆，如上體不能保持正直，腰、胯勢必無法放鬆。

在做本式時，無論兩臂前舉還是下按，兩肘尖都不可外撐、上揚；兩肩不可緊張、聳起。沉肩垂肘是聯繫在一起的，肘尖上揚，肩必聳起。

6. 從本式第三動起，身體由自然直立轉變為屈膝半蹲的狀態。在簡化太極拳裡，除少數式子外，整個練拳過程都是在這種屈膝半蹲的狀態中進行的，這個屈膝的程度，即通常所講的拳架高度。整套拳基本上要保持同樣的身體高度，不允許忽高忽低。其高度視體質強弱及鍛鍊基礎的不同而不同。

7. 在做「屈膝下按」的動作時，兩臂的下落和兩掌的下按是隨著兩腿的屈蹲進行的，整個動作要快慢一致地同時開始和完成的，以領會和掌握「協調」這一運動特點。

8. 本式「定式」。太極拳的每一個式子都是由過渡動作和完成動作組成的，「定式」或「完成姿勢」，除了說明每個拳式到哪兒算完成外，還對身體各部位的動作和勁力的運用有特定的要求。如本式定式時，兩腿屈蹲到預定的拳架高度；兩手沉按，展掌舒指；精神貫注，還要配合呼氣下沉。這樣，就使連綿不斷的動作到這裡有了一種沉穩的感覺，即常說的「節奏感」。定式做得不好，分不清式子間的階段和銜接，那就體現不出過渡動作的輕靈和完成姿勢的沉穩。連貫和節奏是矛盾的統一，要注意處理好。

9. 「起式」是太極拳的第一個式子。它包括了不少太極拳的基本特點和要求，決不可因動作簡單而輕視它，而應按照動作要領反覆多練。

圖1-6　　　　圖1-7　　　　圖1-8

二、野馬分鬃

左野馬分鬃

1. 抱手收腳　上體稍向右轉；右臂屈抱於右胸前，右手心向下，左手翻轉向上，左臂屈抱於腹前，兩手上下相對，如在右肋前抱球；左腳收至右腳內側，腳尖點地；眼看右手（圖1-6）。

2. 轉體上步　上體左轉；左腳向左前方邁出一步，腳跟輕輕著地，重心仍在右腿（圖1-7）。

3. 弓步分手　上體繼續左轉；重心前移，左腳踏實，左腿屈膝前弓，右腿自然蹬直，右腳跟外展，成左弓步；兩掌前後分開，左手分至體前，高與眼平，手心斜向上，右手按至右胯旁，手心向下，指尖向前；兩臂稍屈；眼看左掌（圖1-8）。

圖 1-9　　　　圖 1-10　　　　圖 1-11　　　　圖 1-12

右野馬分鬃

1. 轉體撇腳　重心稍向後移，左腳尖翹起外撇；上體稍左轉；兩手準備翻轉「抱球」（圖 1-9）。

2. 抱手收腳　上體再左轉；左手翻轉在左胸前屈抱；右手翻轉前擺，在腹前屈抱，兩手上下相對，如在左肋前抱球；重心前移至左腿，左腳踏實，右腳收至左腳內側，腳尖點地；眼看左手（圖 1-10、11）。

3. 轉體上步　上體稍右轉；右腳向右前方邁出一步，腳跟輕輕著地（圖 1-12）。

4. 弓步分手　上體再右轉，重心前移；右腳踏實，右腿屈膝前弓，左腿自然蹬直，左腳跟外展成右弓步；兩手前後分開，右手分至體前，高與眼平，手心斜向上，左手按至左胯旁，手心向下，指尖向前，兩臂微屈；眼看右手（圖 1-13）。

圖 1-13　　　　　　圖 1-14　　　　　　圖 1-15

左野馬分鬃

1. 轉體撇腳　重心稍後移，右腳尖翹起外撇；上體稍右轉；兩手準備翻轉「抱球」（圖 1-14）。

2. 抱手收腳　上體再右轉；右手翻轉在右胸前屈抱，左手翻轉前擺，在腹前屈抱，兩手上下相對，好像在右肋前抱球，重心前移，右腳踏實，左腳收至右腳內側，腳尖點地；眼看右手（圖 1-15、16）。

3. 轉體上步　同前（圖 1-17）。

4. 弓步分手　同前（圖 1-18）。

【練習要點】

左野馬分鬃

1. 抱手時不能像做體操那樣肘彎夾緊，手、臂、肘都與肩平；而應使肩部放鬆，腕部稍彎，手指微屈，肘低於

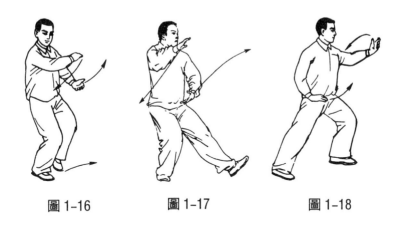

圖 1-16　　　　　圖 1-17　　　　　圖 1-18

肩，腕低於手；屈肘時，上臂與前臂之間的夾角約成
120°，手腕、前臂同胸部之間應有 20 到 30 公分的距離，
整個右臂呈弧形。

　　左臂的畫弧，除手掌的移動應走弧線外，在移動的過
程中還要伴隨著前臂的旋轉。以後遇到的畫弧抱球動作，
都應這樣理解和處理。

　　轉體和抱手的動作，是同時進行的。要在轉體的帶動
下協調一致地完成。

　　「抱球」是一個形象的比喻，要使兩臂和前胸之間有
容下一個「球」的空檔，既能抱得住這個「球」而又不使
「球」觸著身體。

　　2.「左腳收到右腳內側，腳尖點地」。這時絕大部分
體重應落在右腿上，左腳尖點地，只起一點輔助支撐的作
用。待動作熟練以後，左腳收向右腳內側足弓附近即可，
腳尖不必點地，以後各式類似的過渡動作，均應照此理
解。

這裡的「腳尖點地」，是指用腳前掌著地。

3. 第一個「分鬃」要面向東方。這一轉動在動作分解時是分為兩段進行的：上步時先轉體至面向南偏東，弓步時再轉體至面向正東。在連貫練習時，這兩段轉體是不可間斷的，要一氣呵成。

4. 左腳上步要腳跟先著地。太極拳向前邁步時要求一腿屈膝支撐體重，另一腿輕靈地邁出，不可將身體重心過早前送，整個腳掌一下子落地踏實，呈「砸夯」狀。為此可讓練習者進行自我檢查，即在邁出左腳後，看看是否能夠把腳跟著地的左腳輕輕收回和放出。若收腿時上體晃動，就說明身體重心過早地前送了。

弓步的合適步幅，以練習者一腿屈膝支撐體重，另一腿提起自然伸直向前邁出，腳跟著地的距離為準。邁左步時，右腿保持原屈膝狀態，不可向上伸直或向下屈蹲。因上挺將使身體直起而縮小步幅；下蹲則會使身體沉降而使步幅加大。另外，在邁出的前腳未落地時如果後腿蹬地，上體後仰，過早地將身體重心前移，也會使步幅加大，發生「搶步」現象。這些都應注意避免。

左腳跟落點要在中線偏北，以符合「分鬃」的弓步前後兩腳跟之間有約 30 公分橫向寬度的要求；落腳時弓步尚未完成，兩腳跟的橫向距離約 20 公分（如附圖一甲、乙）。

附圖一

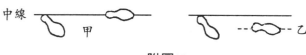

附圖二

初學者在邁步時左腳落點往往不易到位。有的只邁到正東中線上，形成前後腳踏在一條直線上的「走鋼絲」狀；甚至還有將左腳邁到中線以南呈「擰麻花」狀的（如附圖二甲、乙）。

針對上述錯誤，應注意上步時先將上體轉向南偏東，左膝轉向正東以幫助開胯出步。這樣，邁步的落點就易於到位了。

兩腳間的橫向寬度是指形成弓步之後，前腳掌順向的延長線與後腳跟之間的距離。因此，除注意前腳邁出的落點之外，還必須注意在前腳跟落地時就使腳尖朝向前方。許多人做弓步時往往前腳尖外撇，無法保證弓步的橫向距離，也會弄錯拳式的方向（如附圖三所示）。

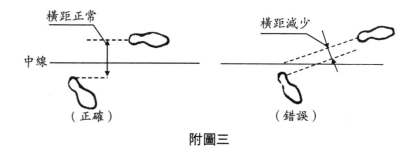

附圖三

5.弓步時要由腰部旋轉，左腿屈弓和右腿後蹬協調配合，身體重心也隨著逐漸前移。不可先蹬直右腿再屈左

膝，勢必造成腰胯緊張、身體起伏的毛病。練習時可默記
「踏掌」、「弓腿」、「轉腰」、「蹬腿」等要領以糾正
之。

弓步完成時左腿弓屈的程度，不論弓步的步幅大小，
都應使膝蓋與腳尖在一條與地面垂直的直線上。

不少人往往忽略弓步時後蹬腳跟而使後腳橫置。腳跟
後蹬，就是隨著身體的轉動，以腳前掌為軸，全腳貼著地
面輕輕地碾動腳掌，使腳跟外展，將右腳由原來的腳尖朝
南蹬轉成腳尖朝向東南，使腳尖與中線的交角成 45～60°
左右。這樣，兩腳調整成介乎「丁弓步」和「川弓步」之
間的「人弓步」（「丁」、「川」、「人」是借用字形來
形象地表示弓步步型中前後兩腳腳尖指向的夾角狀況的，
如附圖四所示）。

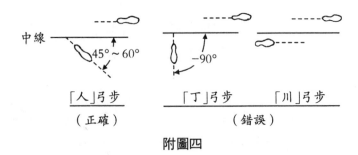

附圖四

弓步時，胯部自然裡合，從而使上體正直、腰胯放
鬆。腳跟的蹬展，是趁勢做出的調整動作，不應做得急
劇、突發，以免造成「斷勁」。

太極拳的弓步，後腿不能像練長拳那樣挺勁繃直，以
致腰胯鬆不開、膝和髖關節僵挺頂住，動作的變轉就不易

靈活。但也不可過於放鬆，使膝部出現較大的彎屈度，顯得軟化無力。

另外，在右腿自然伸直、右腳跟後蹬的整個過程中，右腳掌都要貼著地面，不允許出現腳外側離地（掀腳）和腳後跟離地（拔跟）的現象。

弓步步型中，前、後腿分擔體重的虛實比例是：前弓腿約承擔三分之二，後蹬腿約承擔三分之一。

6. 分手時左手手心斜向上，力點在手臂外側，向左斜上方「靠」出。此時左肩要鬆沉，肘部要微屈，使左臂保持弧形。分到頂點時，要展掌、舒指。由過渡動作到完成姿勢，屬於由虛到實的變化，手指表現為由自然微屈逐漸地展掌、舒指。這樣，在定式時就易體現出沉著穩定的氣勢。以後各式均應如此處理。

右手同時向右斜下方分開，直「採」至右胯旁，手心向下，指尖朝前，肘微屈，右臂保持弧形。採到頂點也要求展掌、舒指、坐腕，肩部要鬆沉。

這種「分」的手法運用，就好像要緩緩地把兩手間繫著的一根線扯直而又不要把它拉斷似的。

7. 眼神是太極拳運動的一個重要部分。本勢的眼神運用，由「起勢」的眼看前方，轉為注視右手；再隨視左手移動；定式時，眼看左手。這樣，對於用意識引導動作，精神貫注，生氣勃勃，有其特殊的作用。

一般規律是：視線隨主要動作的手移動，或保持頭頸正直，目光平視。要避免低頭或歪頭，也不要死盯著前手，那樣反而會緊張呆滯。應把視線不時平移遠望，有張有弛。

8. 關於定式。在完成姿勢的一瞬間，應有一點向四肢、頭頂稍稍貫力的意念。這樣可使完成姿勢更臻沉穩，虛實變化更為分明。如本式定式時，兩手展掌舒指、鬆肩送臂、力貫指梢，鬆腰鬆胯，兩腿兩腳踏實；收頦頂頭，精神貫足，同時呼氣下沉。這樣做，就能使定式的穩定感、節奏感明顯地表現出來。但要注意向四肢、頭頂稍稍貫力的意念，不宜過分地流露。尤其不要有故意使兩臂繃緊、彎腿下沉的錯誤動作。

右野馬分鬃

1. 轉體翹腳時，身體的重心平穩勻緩地後移，與上體左轉要協調並進。重心移動的過程中，上體要保持正直，身體不可起伏，移動幅度不必過大。也不可先坐成虛步再轉體，造成「斷勁」脫節。

2. 兩手翻掌畫弧「抱球」時，兩手先由展掌舒指的狀態略放鬆（由實變虛），隨即左掌內旋、右掌外旋，在腰部向左旋轉的帶動下完成，後腳同時收攏點地。

3. 收腳時，主要是重心前移。當體重已從後腿移到前腿時，就以大腿的力量輕輕地把後腳提起，慢慢地屈膝向前，使腳尖在前腳的內側落下。

初學者往往沒有把重心先移到前腿，而是一蹬而起，全腳掌同時離地，再快速地收腳，如同「踩彈簧」似的。也有的邊移體重邊把後腿拖上前去，後腳擦著地面，如同「穿拖鞋」似的。還有的人身體起伏明顯。這些常見毛病，都應在練習時注意克服。

「抱球」的動作和收腳點地的動作要同時協調地完

成，不要「球」已抱好而後腳尚未到位。

左野馬分鬃

　　連續的上步步法，是本式的重點。可專門做在弓步基礎上連續上步的步法訓練。作法是兩手叉腰，上體鬆正，兩腿屈蹲，然後按上步 —— 弓步 —— 轉腰撇腳 —— 收腳上步 —— 弓步的順序，左右反覆，連貫練習。

【攻防含義】

　　1. 野馬分鬃的手法是下採前靠。例如，對方右手打來，我用右手擒握對方手腕向下採引，同時左腳上步插入對方身後，左前臂隨之插入對方右腋下，用轉腰分靠之力使對方仰倒。

　　2. 白鶴亮翅的含義有二。一是對方雙掌攻來，我急用兩手上下分開對方雙掌，互解其攻勢。二是對方右手攻來，我用左手擒住其右腕，右臂插入對方右腋下，用轉腰橫捌之力使其前撲。

三、白鶴亮翅

　　1. 跟步抱手　上體稍左轉；右腳向前跟步，前腳掌輕輕落於左腳後，相距約一腳長；兩手翻轉相對，在胸前屈臂「抱球」，左手在上；眼看左手（圖1-19）。

　　2. 後坐轉體　重心後移，右腳踏實，上體後坐並向右轉體；兩手

圖1-19

圖 1–20　　　　　　　圖 1–21

開始交錯分開，右手上舉，左手下落；眼看右手（圖 1–20）。

3. 虛步分手　左腳稍向前移動，腳前掌著地，成左虛步；右手分至右額前，掌心向內，左手按至左腿旁；上體轉正，眼平視前方（圖 1–21）。

【練習要點】

1. 本式的步法是弓步經跟步成虛步。這種步型的轉換是較常使用的。右腳跟步時，腳跟應先抬起，隨之全腳掌逐漸離地，緩緩地前跟半步（不要挨近左腳跟），然後右腳前掌輕輕地落地。

此時體重仍主要由左腿支撐，避免右腳落地時全腳著地的「砸夯」，以及控制不住前腿屈度而造成身體向上竄起等錯誤動作。接著，身體後坐，重心慢慢後移，右腳掌逐漸踏實，右腿由虛變實，進而支撐大部體重。與此同時，左腳跟逐漸抬起，左腿由實變虛。最後，將左腳輕緩

地稍向前移，調整成左腳前掌著地的左虛步。

　　做上述步法轉換時，必須注意在腰部的旋轉帶動下協調運動，以保證全身勁力的完整。前跟時腰部微左轉，後坐時腰部微右轉，調整步型時腰部再向左微轉至向正前方。

　　2. 隨著兩手右上左下分開，應注意下頦微收，頭微上頂，配合吸氣要有輕靈上提的意念；兩手分至頂點時，右手略外撐，左手向下採，配合呼氣下沉、鬆腰鬆胯、不丟頂勁、精神貫注，顯示了定式時的沉著與穩定。

　　3. 做虛步時，後腿保持原屈膝程度，支撐著絕大部分的體重，兩腿的虛實比例約為 1 比 9。後腳全腳掌踏實，腳尖外撇，約為 45～60°；前腳以腳跟或腳前掌著地（本式是以左腳前掌著地的虛步），指向正前方。後腿膝部保持和腳尖相同的方向，不要裡裏夾襠或外展敞襠；前腿膝部要保持微屈，不要僵硬挺直。

　　虛步兩腳間的橫向距離，不要超過一拳寬度。橫距過寬，會引起胯部緊張歪斜，同時也不可出現「踩鋼絲」、「扭麻花」等橫距不足的錯誤。

　　初學者在做虛步時常常發生：上體後仰，挺胯挺腹；上體前俯，挺胸突臀；虛腿膝部挺直；實腿膝部裡裏；兩腳橫向距離過大；兩腿虛實不夠分明，虛腿承擔體重過多等毛病，都應引起注意。

　　4. 虛步可以做為一種「樁功」來練習。練習時站到支撐體重的實腿發熱、發酸時再換另一腿來支撐，腳尖著地和腳跟著地的虛步輪換練習。經常做不僅能養成正確的虛步定型，而且能較快地增強腿部力量，提高下盤的穩定

性。

【規格要領】

1. 太極拳身型要求立身中正，舒展自然。例如，預備勢的立和起勢的坐，都要求自然端正，表現了太極拳的基本身型。身型各部位的要領是：頂頭豎項，沉肩含胸，直脊展背，鬆腰鬆腹。軀幹應避免緊張僵挺，俯仰歪斜；也要防止萎縮不展、駝背、彎腰、低頭。

2. 太極拳姿勢要舒展，用力要柔和，動作要輕靈沉穩。拳諺形容太極拳「邁步如貓行，用勁似抽絲」。比如兩手上下「抱球」動作，兩臂要圓滿撐開，好像「懷中抱樹」、「掌中抱球」一樣。不要像抱書一樣貼身夾緊，也不要兩手鬆軟無力。分手動作無論是前後分，上下分，都要像充滿氣的球，兩臂對稱伸展又略呈彎屈。不要像廣播操那樣橫平豎直，大開大合；也不要縮而不展，抱分不清。

3. 掌，是太極拳的主要手型。其規格是：五指舒展微屈自然分開，虎口撐圓，掌心內含。用力要輕柔，不可過硬、過軟。

4. 弓步，是太極拳的基本步型。它的規格是：前腿屈膝前弓，膝與腳尖上下相對，大腿斜向地面，腳尖直向前；後腿自然蹬直，腳尖斜向前方約 45～60°。兩腳全腳著地，不可掀腳拔跟。兩腳橫向間要保持適當寬度，寬窄要根據姿勢需要，有利動作穩定自然，大約在 10～30 公分之間。兩腳不要踩在一條直線上或左右交叉，以免造成身體緊張、歪扭。

5. 太極拳最基本的要求是「心靜」和「體鬆」。從預備式起就應認真做到並貫穿始終。「心靜」就是要思想集中，專心致志地考慮如何遵從要領和引導動作。如在做預備動作時，首先從心理上安靜下來，想想頭頸、軀幹是否端正，身體各部是否自然放鬆等等。「體鬆」則要求身體各部位自然舒展，避免不必要的緊張；用力的部位也應該自然順遂，不可使用拙力和僵勁。如在做預備姿勢時，就要使胸部放鬆，避免挺胸收腹；兩臂自然下垂，避免緊貼兩肋或是繃緊外撐；兩肩鬆沉，不要緊張上聳；手指自然微屈，不要故意挺直等等。

這裡需要指出的是，「心靜」並非要閉目養神，「體鬆」也不是綿軟無力。切不可把太極拳這一增進健康的體育項目練得鬆懈、疲塌、毫無生氣。只有正確地理解和運用了這兩個要點，才能在學習中充分體現出太極拳輕鬆柔和、連貫均勻、圓活自然和協調完整的運動特點，收到增強體質，防治疾病的良好效果。所以，有人把「鬆」和「靜」稱為太極拳的「基本功」，這是有道理的。

6. 練太極拳，採用的是自然的深、勻、細、長的呼吸方式。在做預備勢時，就要注意調整呼吸，口要自然微閉，上下齒輕叩。舌抵上腭以促進津液的產生。主要用鼻呼吸，在感到呼吸量不足時也可輔以口腔一同呼吸。呼吸時不要受動作的影響而緊張勉強，甚至憋氣，應力求自然通暢。

7. 太極拳有輕緩柔和的運動特點，要求做動作時慢而柔，用力輕而勻，但慢不是越慢越好，輕不是一點力也不用。初學時如果動作不熟練，可以在各分解動作之間稍有

停頓，但在動作熟練以後，就要注意保持速度均勻，起落轉換不可忽快忽慢，忽輕忽重。

8. 學會整套之後連貫練習時，一般要用 4～6 分鐘的時間練完全套。如練得慢些以求仔細琢磨動作要領，也可達 7、8 分鐘，但整套拳各式的速度應是均勻的。這個速度在做「起勢」時就定下來了，以後各式都應依照「起勢」時的運動速度來進行。

第2講

【學習內容】

簡化太極拳第二組動作（4～6動）。
太極拳的步法要領和虛步規格。

【動作提要】

四、摟膝拗步──連續上步，左右摟膝弓步推掌。
五、手揮琵琶──後腳跟步，虛步錯手合抱。
六、倒捲肱──連續退步，左右虛步推掌。

【動作說明】

四、摟膝拗步

左摟膝拗步

1. 轉體擺臂　上體稍左轉；右手擺至體前，手心轉向上；眼看右手（圖1-22）。

2. 擺臂收腳　上體右轉；兩臂交叉擺動，右手自頭前下落，經右胯側向右後方上舉，與頭同高，手

圖1-22

圖 1-23　　　　圖 1-24　　　　圖 1-25

心向上，左手自左側上擺，經頭前
向右畫弧落至右肩前，手心向下；
左腳收至右腳內側，腳尖點地；頭
隨體轉；眼看右手（圖 1-23、
24）。

　　3. 上步屈肘　上體稍左轉；
左腳向左前方邁出一步，腳跟輕輕
落地，右臂屈肘，右手收至肩上、
頭側，虎口與耳相對，掌心斜向
前，左手落經腹前；眼轉看前方
（圖 1-25）。

圖 1-26

　　4. 弓步摟推　上體繼續左轉；重心前移，左腳踏實，
左腿屈弓，右腿自然蹬直成左弓步；左手經左膝前上方摟
過，停於左腿外側，掌心向下，指尖向前；右手向前推
出，與鼻尖相對，掌心向前，五指向上，右臂自然伸直，
肘微屈垂；眼看右手（圖 1-26）。

右摟膝拗步

1. 轉體撇腳　重心稍後移，左腳尖外撇；上體左轉；兩臂外旋，開始擺動；眼看右手（圖1-27）。

2. 擺臂收腳　上體再左轉；重心前移，左腳踏實，右腳收至左腳內側，腳尖點地；右手經頭前畫弧，擺至左肩前，掌心向下，左手向左上方畫弧上舉，擺至與頭同高，掌心向上；眼看左手（圖1-28、29）。

3. 上步屈肘　上體稍右轉；右腳向右前方邁出一步，腳跟輕輕落地；左臂屈肘，左手收至肩上、頭側，虎口與耳相對，掌心斜向前，右手落經腹前；眼轉看前方（圖1-30）。

4. 弓步摟推　上體繼續右轉；重心前移，右腳踏實，右腿屈弓，左腿

圖 1-27

圖 1-28

圖 1-29

圖 1-30

圖 1-31　　　　　　圖 1-32　　　　　　圖 1-33

自然蹬直成
右弓步；右
手經右膝前
上方摟過，
停於右腿外
側，掌心向
下，指尖向
前，左手向
前推出，與
鼻尖相對，

圖 1-34

圖 1-35

掌心向前，五指向下，左臂自然伸直，肘微屈垂；眼看左
手（圖 1-31）。

左摟膝拗步

動作與右摟膝拗步相同，只是左右相反（圖 1-32、
33、34、35）。

【練習要點】

1. 摟膝拗步的上步與野馬分鬃一樣，前應保持直向前方，與後腳的寬度應在 30 公分左右。它的手法是前推，雖然與野馬分鬃的分靠用力方向不同，但由於其步型是手腳不同側的拗步，故兩腳寬度也應保持與野馬分鬃大體相同，以利重心穩定。切忌兩腳踩鋼絲似地上步，更不要左右交叉，上體歪扭。

2. 在上步過程中，我們提出後腳收至支撐腳內側，腳尖點地，這是為了照顧初學者往往支撐無力，重心掌握不穩的困難。一旦動作熟練以後，應逐步取消腳尖點地，使後腳經支撐腳內側時不停不落，連貫穩健地向前邁出。在以後動作教學中也有類似情況出現。大家一定要分清，上步中的停頓點地只是一種過渡性、輔助性手段。控制能力較強的初學者，完全可以直接連續上步，不必點地緩衝。

弓步的橫向距離必須在 30 公分左右，以免造成胯部緊張歪斜，影響下盤支撐的穩固。第二，弓步的步型和進步的步法，初學者不易掌握。如弓步時前弓腿的腳尖應指向正前方，初學者常出現「外撇」的毛病。再如，弓步定式時，後腳跟應向後蹬轉，但許多人總是不做後蹬調整，形成後腳橫置的「丁弓步」。所以，在學習「摟膝拗步」時，應該結合「野馬分鬃」的要求反覆練習。

3. 做「摟膝拗步」時也要以腰部的轉動來帶動和協調全身的運動。如「左摟膝拗步」第一動就是以上體微向左轉來帶動右臂移到體前中線處開始畫弧下落。第二動，以上體向右旋轉帶動兩臂畫弧，使右手移到右側後上方。右

手的位置與中線中間約成 135°。第三動和第四動時，上體又向左轉到面向正前方。這樣，上體「微左轉──向右轉──再向左轉正」。

初學者在做「左摟膝拗步」第一動「轉體擺臂」時，常常不轉腰，光用兩臂掄圈，如「耍棍」一樣；有的腰部左轉太多；還有的手臂動作幅度過大，造成右臂下落超過了體前中線，而從身體左側掄圈下落等錯誤都應避免。在向右後方轉體舉臂時，往往上體轉動的幅度不夠，使動作拘謹，或只轉頭和手，而不轉腰，造成腰胯歪扭，下盤支撐不穩。都要及時加以糾正。

4.「野馬分鬃」的手法是以「抱」、「分」為主，本式的手法則是以「推、摟」為主。摟掌的動作較簡單，以左摟掌為例，左掌從右肩前向下前伸畫弧經膝前摟到左腿側，到頂點時要坐腕、展掌、舒指，體現出下沉的「採勁」。初學者摟膝時常常不經膝前而經腹前摟過；在摟時左腕裡扣過多、左肘部揚起；定式時左掌位置太靠後，造成肩、臂緊張；定式時左臂肘部太屈、左肩沒有向下鬆沉，或左掌隨便地鬆垂等等，都應注意糾正。

推掌時（以右推掌為例），右掌從右側後上方先屈肘，使掌收到耳側，虎口對耳，此時手掌和腕部要放鬆，體現出由實到虛的變化。當推至頂點（定式）時，「虛掌」逐漸地變換為「實掌」。舒指、展掌、虎口撐圓，掌根前頂，腕肘下沉，把意念集中到領勁的食指和中指上，使食、中指指肚有微微發脹的感覺，同時配合頭微上頂、鬆腰鬆胯、呼氣實腹。這種由虛變實的掌根前頂、肩窩後縮、肘尖下垂的運勁，演練時會有把臂部前後拔長的感

覺。初學者往往虛實的掌形變化做不好。一是因為初學難以顧及全面；二是生硬模仿，用勁過硬、過鬆。這些都要經由反覆練習解決。

5. 太極拳動作要求協調完整，在做「摟膝拗步」時，前推、下摟的兩掌和弓腿應同時到達頂點，而不應有先有後。初學者、甚至練習得有些時日的人還往往是弓的腿先弓到家，下摟的掌先摟完，而前推的掌卻總易滯後一段時刻，令人看起來不是全身協調地運動，很不舒服。這就需要練習者控制住弓腿和摟掌的速度，在轉動腰部的協調帶動下使之與推掌合拍，不要搶前。

【攻防含義】

1. 摟膝拗步的用意是：一手摟開對方攻來的手或腳，另手向前推打反擊。

2. 手揮琵琶，手法是合手撅臂。當對方右手打來，我用右手握其腕部，順勢向後牽引；同時左手貼於對方肘關節處，然後兩手左右用力內合，採用反關節擒拿方法，使對方右臂傷折。

3. 倒捲肱含義是在退守中反擊。當對方右手攻來，我用左手接住，順勢退步牽引，右手則突然向前擊打對方胸部。

五、手揮琵琶

1. 跟步展臂　右腳向前收攏半步，腳前掌輕落於左腳後，相距約一腳長；右臂稍向前伸展，腕關節放鬆（圖1-36）。

圖1-36　　　　　　圖1-37　　　　　　圖1-38

2. 後坐引手　重心後移，右腳踏實，左腳跟提起，上體略右轉；左手向左、向上畫弧擺至體前，掌心斜向下，右手屈臂後引，收至胸前，掌心也斜向下（圖1-37）。

3. 虛手合手　上體稍向左回轉，左腳稍前移，腳跟著地，成側身左虛步；兩臂外旋，屈抱，兩手前後交錯，側掌合於體前，左手與鼻相對，掌心向右，右手與左肘相對，掌心向左，兩臂像懷抱琵琶的樣子；眼看左手（圖1-38）。

【動作要點】

1. 後坐引手時，前擺和右手引帶的動作是在上體後坐並右轉，重心後移，右腳逐漸踏實的過程中協調一致地同時進行的。左手應先微向左然後再向上、向前隨著向右轉體畫弧向體前擺動，肘部微屈，掌心斜向下，肩部要放鬆；引手時右掌先由實變虛（即由掌心向前的坐腕狀態逐漸放鬆到掌心斜向下），在上體的右轉帶動下使右臂向胸

前平屈。注意右臂前臂與上臂之間及臂與胸、肋部之間不要夾住，形成「死角」。

2. 兩臂向裡相合，是由上體微向左回轉帶動兩前臂微外旋（即兩掌由掌心斜向下轉至左掌掌心斜向右、右掌掌心斜向左）並略前送來體現的。兩臂的這種合勁，就好像用改錐微微旋緊螺絲釘似的。不要做成兩肘向裡一夾或是兩臂向下一剁的樣子。

本勢動作並不複雜，但初學者往往做得僵滯散亂，這主要是忽略了「身法」，只是單純模仿「手法」、「步法」的動作所造成的。如本式兩臂前擺，後引動作是由坐身右轉來帶動和協調的；兩臂的合勁和虛步的調整形成，是由身體向左回轉來帶動和協調的。以下要學的諸拳式，亦都如此。

3. 定式時，兩臂應在保持肘部微屈的情況下充分地開展，不要使肘部過分彎屈，兩臂捲縮。同時還應注意下頦微收，頭微上頂，配合呼氣下沉與鬆腰胯，充分體現出沉穩的氣勢。

六、倒捲肱

右倒捲肱

1. 轉體撤手　上體稍右轉；兩手翻轉向上，右手向下經腰側向右後方畫弧上舉，與頭同高，左手停於體前；頭隨體轉，眼先向右看，再轉看左手（圖1-39、40）。

2. 退步捲肱　上體稍左轉；左腳提起向後退一步，腳前掌輕輕落地；右臂屈肘捲收，右手收至肩上，經耳側前

圖 1-39 　　　　　　　　 圖 1-40

推，掌心斜向前下方，左手開始後收；眼看左手（圖 1-41、42）。

　　3. 虛步推掌　上體繼續左轉；重心後移，左腳踏實，右腳以腳掌為軸將腳扭直，腳跟離地，右膝微屈成右虛步；右手推至體前，腕高與肩平，掌心向前，左手向後、向下畫弧，收至左腰側；眼看右手（圖 1-43）。

圖 1-41 　　　　 圖 1-42 　　　　　　 圖 1-43

左倒捲肱

1. 轉體撤手　上體稍左轉；右手翻轉向上，左手向左後方畫弧上舉，與頭同高，掌心向上；頭隨體轉，眼先看左側，再轉看右手（圖1-44）。

圖 1-44

2. 退步捲肱　上體稍右轉；右腳提起向後退一步，腳前掌輕輕落地；左臂屈肘捲收，左手收至肩上經耳側前推，掌心斜向前下方，右手開始後收；眼看右手（圖 1-45、46）。

3. 虛步推掌　上體繼續右轉；重心後移，右腳踏實，左腳以腳掌為軸將腳扭直，腳跟離地，左膝微屈成左虛步；左手推至體前，腕高與肩平，掌心向前，右手向後、向下畫弧，收至右腰側，眼看左手（圖 1-47）。

圖 1-45　　　圖 1-46　　　　圖 1-47

右倒捲肱

同前（圖 1-48、49、50、51）。

左倒捲肱

同前（圖 1-52、53、54、55）。

圖 1-48　　　圖 1-49　　　圖 1-50

圖 1-51　　　圖 1-52　　　圖 1-53

圖 1-54

圖 1-55

【動作要點】

1. 首先要明確本式的定式。不少初學者弄不清楚到哪裡是此式的定式，或誤認為「倒捲肱」第一動的完成姿勢（第 44、48、52 圖）是定式，因此在練習時就搞錯了由虛到實，打亂了應有的節奏。本式的定式，是每個「倒捲肱」的第四動「虛步推掌」的完成姿勢（圖 43、47、51）。此時，動作由虛轉為實，微微一沉，然後再接做下一個式子的動作。這才是本式正確的節奏處理。

2. 本式定式的步型，是前腳掌著地的虛步，類同於「白鶴亮翅」。本式的步法是在虛步基礎上的連續退步。

以左虛步（左腳前掌著地）的退行為例，左腿屈膝輕輕提起，帶動著左腳前腳掌離開地面，此時左小腿和踝關節放鬆，左腳尖自然下垂。注意提腳不要過高，一般以離地下垂的左腳尖不超過右踝的高度為宜。然後左腳慢慢地經右踝內側向後略偏左方落步。落步時左腳前腳掌先輕輕

著地，不要有全腳掌同時著地的「砸夯」現象。在上述提腳、退步、落下的過程中，體重仍由右腿來支撐。注意不要出現體重隨著退步同時後移，在左腳尖剛著地時，體重已由兩腿分擔的「搶步」現象。

如同掌握上步的步幅一樣，退步的恰當步幅，總是以一腿屈膝支撐體重，另一腿自然向後伸直退下、腳前掌著地的距離為準。這樣的退行步幅，在下一動形成虛步時，正好滿足虛步步型的步幅要求。接做虛步時，身體重心後移，左腿屈膝成為實腿，主要支撐著體重。同時，右腳跟相應地微離地面，以腳前掌為軸，腳跟相應地微離地面，以腳前掌為軸，腳跟轉動，使原外撇45～60°的右腳扭向正前方。

還要注意控制住支撐腿的屈膝程度。初學者往往易犯提腿時身體重心升高、落步時重心降低的毛病。明顯的身體起伏在退行步中是不允許出現的。

如同進步時一樣，在退行時也要「點起點落」、「輕起輕落」地由實到虛、由虛到實地逐漸變轉，步幅、落點、指向適當，身體不歪斜、不俯仰、不起伏，兩腿虛實分明，形成正確步型。

在本式步法中，還有一點承上啟下的地方，須加以說明：第一個「右倒捲肱」是由「手揮琵琶」接來，上式的虛步是左腳腳跟著地的，此時無須先踏實左腳、再抬腳跟後移，直接由腳跟著地抬離地面即可。

3. 本式中兩掌的動作是一前推，一後撤。前推的掌由後上方屈肘經耳側向側前推出，同前「摟膝拗步」中的推掌動作一樣。應提醒注意的是，本式推掌過程中要避免捲腕現象，不要把捲肱做成捲腕；推到頂點時要坐腕、展

掌、舒指，充分體現出由虛到實的勁力變化。

在後撤手時，注意不要直向回抽，即不要過分地屈肘把手從胸側後撤。若這樣做，勢必造成前、上臂之間，上臂與肋部之間夾緊，肩部聳起。人們常把這種毛病稱為「拉抽屜」。正確的做法是：手走弧線，向下經腰側後撤，胸、肋、肩和臂各部位都要圓活自然。手從腰側向右後上方畫弧平舉時，前、後兩臂的交角約成 135°（左臂平舉於東方，右臂則平舉於西南方）。兩臂不要前後拉成一條直線。

兩掌一推一撤，速度要配合協調，在體前有一個兩掌交錯的過程。即下方回撤手的手心向上，上方前推手的手心向前下，兩手上下相錯。打個比方，這就好像回撤的掌心上有一物，前推掌的動作就是要把它推掉似的。也就是說，前推、後撤的動作路線，都不能直來直去，而是在前推或後撤的過程中，右手經過微向左、再向右的弧線；左手經過微向右、再向左的弧線。在體前兩掌經過上下相對的階段，再前後錯開。「動作分解說明」中，往往第一條就是講清這一動中軀幹的運動，總是說「隨轉體」如何如何，練習時應認真體會。

4. 本式的眼神，應隨著轉體先向側看，再轉看前手。視線轉移的角度約為 90°

5. 在練習本式的時候，可先兩手叉腰，專學練退行成虛步的下肢動作，增強腿部力量和掌握退步要領。

【規格要領】

1. 武術練習中兩腳的移動叫做步法。太極拳的步法要求輕靈沉穩，虛實分明。兩腳移動時輕起輕落，邁步如貓

行。先移動重心，穩定支撐腿，再提腳落步。上步時腳跟
先落地；退步時腳掌先落地，由點及面，再移重心使全腳
踏實。不可猛收急落，腳步沉重。在步法轉變中，落腳的
位置（距離、寬度、方向）要適當，腳尖或腳跟碾轉的角
度要適度，以利動作穩定和順。支撐腿要保持平穩，不可
忽起忽落。移動腿要屈伸自然靈活，不可僵硬。

2. 在上一課和本課中，我們已經學習了太極拳的四種
步法。

（1）上步　後腳向前邁出一步，如野馬分鬃和摟膝拗
步的步法。或前腳向前移動半步，如白鶴亮翅接左摟膝拗
步的步法。

（2）退步　前腳向後退一步，如倒捲肱的步法。

（3）跟步　後腳向前收攏半步，如白鶴亮翅和手揮琵
琶的步法。

（4）開步　一腳側向分開一步或半步，如起勢的左腳
移動。

3. 在第一課和本課中，我們還學習了太極拳的另一種
基本步型虛步。虛步的規格是：後腿屈膝半蹲，大腿高於
水平，後腳全腳著地，腳尖斜向前方，臀部與腳跟上下相
對；前腿微屈，正對前方，前腳腳掌著地（如白鶴亮翅、
倒捲肱），或腳跟著地，腳尖上翹（如手揮琵琶）。虛步
的特點是兩腿前虛後實，體重大部落於後腿。上體要保持
鬆正，不可向前挺腹或向後突臀。

第 3 講

【學習內容】

第三、四組動作（7～11動）。勾手、併步、側行步及掤、捋、擠、按、雲等手法的規格。

【動作提要】

七、左攬雀尾——左弓步掤、捋、擠、按。

八、右攬雀尾——轉身右弓步掤、捋、擠、按。

九、單鞭——轉身弓步勾手推掌。

十、雲手——連續側行步立圓雲手。

十一、單鞭——轉身勾手，弓步推掌。

【動作說明】

七、左攬雀尾

1. 轉體撒手　上體微右轉；右手由腰側向右上方畫弧平舉，與肩同高，掌心向上；左手在體前放鬆，手心向下，兩臂平舉於體側；頭隨體轉，向前平視（圖1-56）。

圖1-56

圖 1-57　　　　　　　圖 1-58　　　　　　　圖 1-59

2. 抱手收腳　上體繼續右轉；右手屈臂抱於右胸前，掌心翻轉向下，左手畫弧下落，屈抱於腹前，掌心轉向上，兩手上下相對為抱球狀；左腳收至右腳內側，腳尖點地；眼看右手（圖 1-57）。

3. 轉體上步　上體繼續左轉，左腳向左前方邁出一步，腳跟輕輕著地（圖 1-58）。

4. 弓步掤臂　上體繼續左轉；重心前移，左腳踏實，左腿屈膝前弓，右腿自然蹬直，成左弓步；兩手前後分開，左臂半屈向體前掤架，腕高與肩平，掌心向內，右手向下畫弧按於右胯旁，掌心向下，五指向前；眼看左前臂（圖 1-59）。

5. 轉體擺臂　上體微向左轉；左手向左前方伸出，掌心轉向下，右前臂外旋，右手經腹前向上、向前伸至左前臂內側，掌心向上；眼看左手（圖 1-60）。

6. 轉體後将　上體右轉；兩手同時向下經腹前向右後方畫弧後将，右手舉於身體側後方，與頭同高；左臂平屈

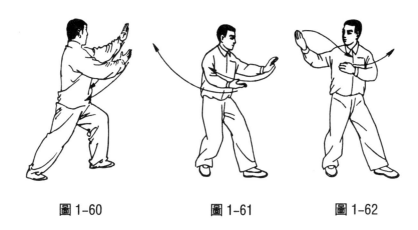

圖 1-60　　　　　圖 1-61　　　　　圖 1-62

於胸前，掌心向內；重心後移，身體後坐，右腿屈膝，左腿自然伸直；眼看右手（圖 1-61、62）。

7. 轉體搭手　上體左轉，正對前方；右臂屈肘，右手收回向前搭於左腕內側，掌心向前，左前臂仍屈收於胸前，掌心向內，指尖向右；眼看左腕（圖 1-63）。

8. 弓步前擠　重心前移，左腿屈弓，右腿自然蹬直成左弓步；右手推送左前臂向體前擠出，與肩同高，兩臂撐圓；眼看左腕（圖 1-64）。

9. 後坐引手　重心後移，上體後坐，右腿屈膝，左腿自然伸直，左腳尖翹起；左手翻轉

圖 1-63　　　　　圖 1-64

圖1-65　　　　　圖1-66　　　　　圖1-67

向下，右手經左腕上方向前伸出，掌心也向下，兩手左右分開與肩同寬，兩臂屈肘，兩手弧線後引，經胸前收至腹前；眼向前平視（圖1-65、66、67）。

10. 弓步前按　重心前移，左腳踏實，左腿屈弓，右腿自然蹬直仍成左弓步；兩手沿弧線推按至體前，兩腕與肩同高、同寬，掌心均向前，指尖向上；眼看前方（圖1-68）。

圖1-68

八、右攬雀尾

1. 轉體分手　重心後移，上體右轉，左腳尖內扣；右手經頭前畫弧右擺，掌心向外，兩手平舉於身體兩側；頭及目光隨右手移轉（圖1-69、70）。

2. 抱手收腳　左腿屈膝，重心左移，右腳收至左腳內

圖 1-69　　　　　　　　　圖 1-70

側，腳尖點地；左手屈抱於左胸前；右手屈抱於腹前，兩
手上下相對，在左肋前「抱球」；眼看左手（圖 1-71、
72）。

3. 轉體上步（圖 1-73）。

圖 1-71　　　　　圖 1-72　　　　　圖 1-73

4. 弓步掤臂（圖 1–74）。

5. 轉體擺臂（圖 1–75）。

6. 轉體後捋（圖 1–76）。

7. 轉體搭手（圖 1–77）。

8. 弓步前擠（圖 1–78）。

9. 後坐引手（圖 1–79、80、81）。

圖 1–74

圖 1–75

圖 1–76

圖 1–77

圖 1–78

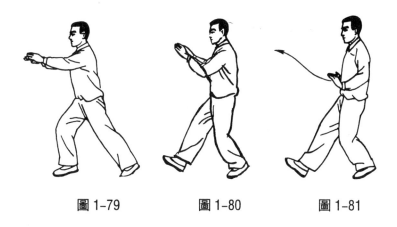

圖 1-79　　　　圖 1-80　　　　圖 1-81

10. 弓步前按（圖 1-82）。

以上動作皆與「七、左攬雀尾」動作相同，只是左右相反。

【練習要點】

攬雀尾動作要注意上下肢的配合。掤、擠、按時要與弓腿協調一致；捋和引手要與屈腿後坐一致，重心移動要充分。同時要注意保持上體鬆正舒展，不可前俯後仰。弓腿時要頂頭、沉肩、豎脊、展背；坐腿時要鬆腰、斂臀、屈膝、落胯。

圖 1-82

【規格要領】

左攬雀尾

1.「攬雀尾」是掤、捋、擠、按四個分式子的總稱。在掤、捋、擠、按每個動作的完成時，頭要向上頂，四肢稍稍貫力，微微一沉，體現動作由虛到實。但不宜過分流露於外。然後立即接做下一個動作。

太極拳套路結構的特點是：前一個式子的完成，恰好是下一個式子的開始。拳式之間既有節奏，又要連續。特別在意念上更不可間斷。在連貫練習時，要注意掌握太極拳的這種節奏處理方法。

2. 本式的步型是順引步。應注意弓步的橫向距離不可過大，以不超過 10 公分為宜。

本式的步法，是原地弓步的前弓後坐轉換。做這種步法練習時，首先要做好弓步步型，橫向距離不可過大，上體正直，鬆腰鬆胯。開始後坐時，後蹬腿慢慢收屈（收屈時膝部微向外開些，使膝部的指向同腳尖的指向基本一致），以帶動前弓腿逐漸地伸直（伸直時膝部微屈），此時前腳尖翹起（如第九動所要求的），也可不翹起（如第六動所要求的），胯根微向裡縮，腰胯放鬆，使臀部平行於地面（保持原身體重心的高度），慢慢向後引，直到後腿再慢慢地自然伸直，臀部向裡收斂，鬆腰鬆胯，使臀部平行於地面地向前慢慢移動，重心大部移至前腿，弓到膝蓋與腳尖的連線與地面垂直為準。

在前弓後坐的過程中，腰部可以旋轉（以適應「掤

式」接「挒式」時的要求），也可不旋轉（以適應「擠
式」接「按式」時的要求）。可以單做這種步法練習，直
到腿部酸熱時再左右換式練習。

做本式時，身體起伏是常見病。這是由於在前弓時後
腿先蹬直，把身體重心頂高，隨之再弓前腿，身體重心便
又落低造成的。後坐時，亦是如此。動作中應以腰胯來帶
動和協調，兩腿要屈伸靈活自如，才不致產生身體忽高忽
低的現象。

3. 做「掤式」時，轉體分手掤出和屈膝前弓，應協調
一致。「掤式」完成時，左肩微微前順，兩臂要有向外膨
脹的意念。

接做「挒式」時，應注意兩臂的下挒要隨著腰部右轉
而動。在兩臂向下經腹前向右後上方畫弧時，要有兩手挒
住對方的前臂向後弧形牽引的意念。以免形成上臂與胸部
夾緊（向右轉體快而手臂後挒慢時，右上臂與右胸部易夾
「死」；向右轉體慢而手臂後挒快時，則左上臂與左胸部
易夾「死」）的狀態。向右後方旋轉的幅度要充分，挒式
完成時，在右側後方平舉的右手與正前方應成約 135°。

「挒式」後坐時，上體不可後仰，胯根應微向裡縮，
支撐的右腿膝部微向外開，兩腳全腳掌著地，左膝放鬆微
屈，鬆腰鬆胯，保持下盤的穩定。

由「挒式」接做「擠式」時，應邊向左轉體邊搭手，
當身體轉正時，「擠」所要求的搭手已經完成。「擠」出
以後，左臂在體前保持弧形，右手不要緊貼在左腕裡側，
可與之保持 5 公分左右的距離。兩肩鬆沉，肘部鬆垂略低
於腕部，胸部寬舒，兩臂撐圓，注意上體正直，不要俯身

突臀。

　　第九動「後坐引手」中，動作順序要清楚，坐身時支撐身體的右腿膝部應微外開，左腳尖翹起，左腿膝部不要挺直，上體勿挺腹後仰。同時，兩手保持與肩同寬的距離，向後、向下弧形收至腹前，手心斜向下。兩肘微向外開，使上臂不要同肋部貼緊。此時精神不可鬆懈，要有兩手貼附在對方前推的前臂上，邊引進邊探察著對方勁力的意念。

　　接著做第十動時，隨著屈膝前弓的動作，兩手要保持與肩同寬的距離，沿弧線向上、向前推按。此時，初學者往往會出現兩手之間距離過大、向側方分開畫弧和兩掌由下而上畫弧上挑等錯誤。

　　4. 初學者應先做到呼吸自然，不要有緊張憋氣的現象。但可適當地調節呼吸來配合動作。如「擠式」時就可以利用兩臂前擠、胸部微含的姿勢進行深呼氣，使動作顯得更加沉穩、踏實；轉接「按式」中的兩手分開、身體後坐、胸部逐漸舒張時進行深吸氣，使動作更加輕靈自然。這樣順乎動作的自然要求並有意識地調節呼吸來配合動作，即所謂的「拳勢呼吸」，有助於使動作更協調，勁力更完整，精神更貫注，從而提高太極拳健身的鍛鍊效果。

八、右攬雀尾

　　由「左攬雀尾」過渡到「右攬雀尾」的第一動注意以下幾點：

　　1. 右手隨身體右轉平行向右畫弧時，左手不可隨著向右擺動。第一動完成時，兩掌微外撐，兩臂呈側平舉狀。

　　2. 左腳尖抬起裡扣的角度以略超過身體的正前方為

宜。腳尖裡扣的角度不夠，會造成下一動弓步方向的偏差。

其餘動作的要領，除左右相反外，均與「左攬雀尾」所述相同。

【攻防含義】

攬雀尾包括了太極拳中最基本的四種攻防手法。掤手的含義是伸臂架接住對方的來手，以觀其變。它在外形上與野馬分鬃相似，其含義則完全不同。後者是以分靠手法去進攻，掤手則是築起一道防線，靜待對方的反應，以變應變。術語稱為「聽勁」。

捋的含義是當對方攻來，我一手附於其腕，另一手附於其肘關節，順勢向後牽引，同時轉腰側領，使其撲空。它與強拉不同之處在於不以力勝，而是借力巧取，引進對手使其落空。

擠的用法是當對手感到落空，急欲抽身後退之際，我用前臂貼緊對方，用快速擠壓之力戰勝對手。

按的原意是向下用力。但在太極拳中常在向前用力發放之前，先向下牽引對方，使其向上反抗，重心升高，立腳不穩，再快速發力前推，取得更大效果。這種變化的用力稱為按或前按。它比單純地用力前推或擊打更為巧妙。

九、單　鞭

1. **轉體運臂**　重心左移，上體左轉，右腳尖內扣；兩臂交叉運轉，左手經頭前向左畫弧至身體左側；掌心向外，右手經腹前向左畫弧至左肋前，掌心轉向上；視線隨左手運轉（圖1-83、84）。

圖 1-83

圖 1-84

2. 勾手收腳　上體右轉，重心右移，右腿屈膝，左腳收至右腳內側，腳尖點地；右手向上向右畫弧，掌心向內，經頭前至身體右前方變成勾手，腕高與肩平，左手向下、向右畫弧，經腹前至右肩前，掌心轉向內；視線隨右手移轉，最後看勾手（圖 1-85、86）。

3. 轉體上步　上體稍左轉；左腳向左前方上步，腳跟

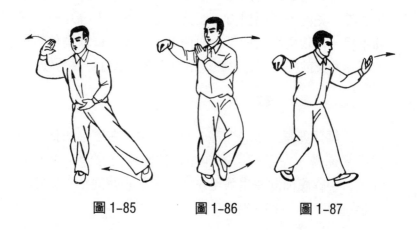

圖 1-85　　　　圖 1-86　　　　圖 1-87

落地；左手經面前向左畫弧，掌心向
內；眼看左手（圖1-87）。

4.弓步推掌 上體繼續左轉；重
心前移，左腳踏實，左腿屈弓，右腿
自然蹬直，腳跟外展，成稍向左前方
的弓步；左手經面前翻掌向前推出，
腕與肩平，左肘與左膝、左腳尖上下
相對；眼看左手（圖1-88）。

圖1-88

【練習要點】

單鞭的弓步應稍斜向左前方，約15～30°。兩腳寬度
約10公分。前臂、前腿應上下相對，方向一致。勾手，臂
不要過直，方向為斜後方，以免聳肩、挺胸。弓步時後腳
跟要向外蹬展，不可敞襠開胯。

【規格要領】

1.身體向後轉動時，重心的移動一定要充分，兩腿要
虛實分明。例如：第一動時左腿屈膝，上體向左轉，身體
的重心要均實地移到左腿上。右腿變虛後，右腳尖才能儘
量地內扣。第二動時，只有將體重完全移至右腿上，左腳
才能輕靈地收至右腳裡側。這種虛實分明的下肢動作要
求，應貫串套路始終。

2.本式弓步的方向應略向左偏斜一些（中線偏左約
15～30°）。因此，在第三動左腳腳跟著地時，腳尖要微外
撇。

「單鞭」的步型是順弓步（即左臂左腿在前），兩腳

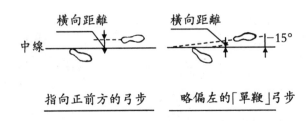

指向正前方的弓步　　　略偏左的「單鞭」弓步

附圖五

腳跟的橫向寬度約 10 公分。由於本式弓步方向略偏左，所以兩腳之間的橫向距離是很小的，如附圖五所示。

3. 做勾手時，屈腕、五指撮攏，勾尖指向下方。動作要樸實自然。勾手時腕部不要故意繞轉，形成「腕花」；五指也不必依次捏攏。

4. 第三動和第四動中，隨著上體左轉，左腿前弓，左手一邊翻掌一邊向前推出。到達頂點時，配合著鬆腰鬆胯和沉氣完成翻掌前推動作，並同時沉腕、展掌、舒指。這裡要注意四點：

（1）在動作過程中，左臂應保持舒鬆圓活的狀態：肘部微屈，上臂與胸、肋部不要夾緊，應始終保持一種向外膨脹支撐的「掤」勁。

（2）翻掌動作主要靠前臂的旋轉來帶動，而不應由腕部的旋轉來完成，防止產生「耍腕花」的錯誤動作。左掌邊移動邊翻轉，過早地翻掌會形成掌向前呆板地平推，晚了則會造成在動作即將完成時突然「耍腕花」的錯誤。

（3）推掌沉腕時力在掌根，同時要求肘部微屈，向下鬆垂，肩窩後縮，向下鬆沉。定式時，左手指尖、鼻尖前後相對，左肘與左膝上下相對。

（4）隨著左手的翻掌前推，右勾手要有微微後撐的意念，不要隨轉體前移。右臂應略向後撐開，兩臂之間的夾角的 120°。注意右肩放鬆。

【攻防含義】

單鞭的用法是先用勾手擒住對方的手腕，再用左手出擊。

十、雲　手

1. 轉體鬆勾　重心後移，上體右轉，左腳尖內扣；左手向下向右畫弧，經腹前至右肩前，掌心向內；右勾手鬆開變掌，掌心向外；眼看右手（圖 1-89、90）。

2. 雲手收步　上體左轉，重心左移，右腳向左腳收攏，腳前掌先著地，隨之全腳踏實，兩腿屈膝半蹲，兩腳平行向前，相距約 10 公分成併步；左手經頭前向左畫弧運轉，掌心漸漸由內轉向外，右手向下經腹前同時向左畫弧

圖 1-89

圖 1-90

運轉，掌心漸漸由外轉向內，左掌停於身體左側，高與肩平，右手停於左肩前；視線隨左手運轉（圖1–91、92）。

3.雲手開步　上體右轉；重心移向右腿，左腳向左橫開一步，腳前掌先著地，隨之全腳踏實，腳尖向前；右手經頭前向右畫弧運轉，掌心逐漸由內轉向外，左手向下經腹前同時向右畫弧運轉，掌心逐漸由外轉向內，右掌停於身體右側，高與肩平，左掌停於右肩前；視線隨右手運轉（圖1–93）。

4.雲手收步　同前（圖1–94、95）。

5.雲手開步　同前（圖1–96）。

6.雲手收步　同前（圖1–97、98）。

【練習要點】

雲手動作應做到以腰為軸，轉腰帶手，身手合一。不可像木偶一樣，孤立擺動兩手，沒有轉腰動作。重心移動、腰的旋轉和手的雲轉三者要同一方向，同時完成，配

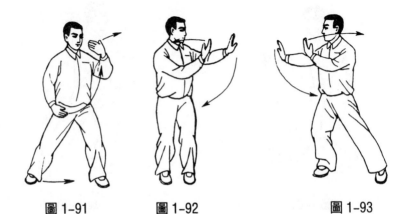

圖1–91　　　　圖1–92　　　　　　圖1–93

圖 1-94　　　　　　圖 1-95　　　　　　圖 1-96

圖 1-97　　　　　　圖 1-98

合協調，不可腰腿超前，與手脫節，形成身體扭動。兩臂
的旋轉和腳步的移動要輕柔漸進，不可突然。

【規格要領】

1. 本式充分體現了太極拳以腰為軸帶動肢體協調動作
的特點。要注意用腰脊的轉動帶動兩臂、雙手交錯畫圓。

正因如此，兩臂的運動不是僅在體前的一個平面上，而是在以腰脊為軸心，從腰脊到手指的距離為半徑的一個半圓形球面的範圍內進行的。切忌不轉腰只用兩臂掄圈的現象。

2. 本式的步型窄於「起劫」的「開立步」。身體重心應在兩腿虛實轉換中移動，不能像「開立步」那樣由兩腿均擔。

初學者往往做成兩腳尖外撇的「八」字腳，或者兩腳相距太寬或太窄。

由「單鞭」接做本式第一個「雲手」時，隨著向右轉體，重心後移，同時左腳尖裡扣應指向正南方。不可裡扣太少或過分，以保證形成正確的併步。

3. 「雲手」的步法是側行步，做側行步時要注意下述幾點：

第一，要掌握「點起點落」、「輕起輕落」的步法規律。在出步或收步時，隨著身體重心向另一腿移動，腿跟先離地，隨之前腳掌離地，最後離地的是前腳掌的內側。落地時，應隨著身體重心的移動，前腳掌內側先著地，隨之全腳掌逐漸踏地。在側行中，隨著體重的左右移動，兩腳掌輪流踏實。兩腳此落彼起。

第二，要「虛實分明」。要做到這一點，就要確實移動身體重心。例如本式在右腿完全支撐著體重、左腳虛沾地面時，要能使左腳輕靈地提起向左邁出並輕輕地下落；然後身體重心逐漸左移，待左腿完全支撐著體重、右腳虛沾地面時，就可使右腳輕靈地提起向左腳靠近。

第三，步幅要合度。側行步的恰當步幅，是以一腿屈膝支撐著體重，另一腿自然伸直橫邁一步的距離。這裡容

易產生身體重心過早側移所造成的「搶步」現象和身體重心忽上忽下的錯誤，應保持平穩、均勻地運動。

第四，在做側行步時，上體不可俯仰歪斜或擺晃。

第五，身體不可起伏。要穩定地保持拳架高度。

4. 本式兩手臂的動作，就是交錯地向體側回環畫圓。在做雲手時應注意：

第一，在回環畫圓中，前臂要自然地進行旋轉。

第二，雲手畫弧的過程中，腕部不要向內彎屈折腕。

第三，在翻掌時要旋臂、展掌、舒指。掌指不要過分放鬆。

第四，手臂經面前畫弧時，肘部不要過分收屈，以致手掌貼近面部。在向下畫弧時，臂部不要伸直僵挺，肘部仍要微屈保持圓活自然的狀態。

5. 眼神隨畫弧的上手移動時，要有張弛的變化。手從面前經過時，眼神適當放鬆些，切不可死盯著移動的手掌，像「照鏡子」那樣。

6.「雲手」是表現太極拳周身協調的運動特點較明顯的式子。練習本式時，要求下肢、軀幹、上肢、眼神的動作相互協調配合。還可採用動作分解練習的方法：先不做上肢動作，兩手叉腰，按照側行步法的要領專做下肢動作的練習。然後，兩腳開立，專做兩臂在體前的交錯回環動作，重點掌握臂部的旋轉和翻掌；隨後再加腰脊的轉動，使上肢隨腰部的轉動而運行在一個半圓形的扇面範圍內。最後加上兩腳的側行，構成完整協調的動作。

【攻防含義】

雲手是防守動作，用前臂或手撥開對方的進攻。對方用左、右手連續進攻，我則用雲手連續破解對方。也可以用右手撥開對方的右手後，左手插入對方腋下向左橫捌進攻。

十一、單　鞭

1. 轉體勾手　上體右轉；重心移向右腿，左腳跟提起；右手經頭前向右畫弧，至右前方掌心翻轉變勾手，左手向下經腹前向右畫弧運轉至右肩前，掌心轉向內；眼看勾手（圖1-99）。

2. 轉體上步　上體稍左轉；左腳向左前方上步，腳跟落地；左手經面前向左畫弧，掌心向內；眼看左手（圖1-100）。

3. 弓步推掌　上體繼續左轉；重心前移，左腳踏實，左腿屈弓，右腿自然蹬直，腳跟外展，成稍向左前方的弓

圖 1-99

圖 1-100

步；右手經面前翻轉向前推出，腕與
肩平，左肘、左膝、左腳尖上下相
對；眼看左手（圖 1-101）。

圖 1-101

　　本課中出現的新手型、步型及手
法、步法規格如下：

　　1. 勾手　　五指自然伸直，第一
指節捏攏，屈腕，勾尖朝下。五指不
可僵直或過屈。

　　2. 併步　　兩腳平行，相距 20 公
分之內，腳尖向前，不可成八字形，
全腳著地，重心可平均放於兩腿，也可偏於一腿。由於太
極拳的併步保留一定寬度，所以又稱小開步。

　　3. 掤　　肘關節半屈，前臂由下向前上掤架，橫於體
前，力點在前臂外側，不在手背。

　　4. 捋　　兩手斜相對，隨轉腰坐腿，由前向側後方同時
畫弧捋帶。兩手要走弧形，不可直抽強拉。

　　5. 擠　　後手推壓前手的前臂內側，兩臂由屈而伸向前
擠壓。著力點在前手前臂。擠出後兩臂撐圓，高不過肩。

　　6. 按　　兩臂由屈而伸，兩手由後向前推按。路線要走
弧形，先向下引再向前上方用力，不可直推。力點在兩
掌，高不過肩，掌心向前，沉腕舒指，指尖向上。

　　7. 雲手　　兩掌上下交錯在體前，向左右側往復畫弧運
轉。路線呈兩個相交的立圓。雲轉時要與轉腰協調一致。
上手高不可過頭，下手低不過襠，兩手邊雲邊翻轉。

　　8. 側行步　　兩腳橫向開、收步，依次向一側移動，腳
尖平行向前。

第**4**講

【學習內容】

簡化太極拳第五、六組動作（12～17動）

拳型、獨立步及貫耳、穿掌、挑掌、蹬腳的規格。

【動作提要】

十二、高探馬——後腳跟步，虛步推掌。

十三、右蹬腳——左腳上步，穿手分抱，分手右蹬腳。

十四、雙峰貫耳——落腳上步，弓步雙貫拳。

十五、轉身左蹬腳——轉身分抱，分手左蹬腳。

十六、左下勢獨立——左仆步穿掌，左獨立挑掌。

十七、右下勢獨立——落腳轉體右仆步穿掌，右獨立挑掌。

【動作說明】

十二、高探馬

1. 後腳跟步　後腳向前收攏半步，腳前掌著地，距前腳約一腳長；左臂略向前伸展，腕關節稍放鬆，掌心向下（圖1-102）。

2. 後坐翻手　上體稍右轉；重心後移，右腳踏實，右

圖 1-102　　　　圖 1-103　　　　圖 1-104

腿屈坐，左腳跟提起；右勾手鬆開，兩手翻轉向上，兩臂
前後平舉，肘關節微屈；頭隨上體半面右轉，目光平視
（圖 1-103）。

3. 虛步推掌　上體左轉，右肩稍向前送；左腳稍向前
移，腳前掌著地，成左拗虛步；右臂屈肘，右手捲收經頭
側向前推出，高與頭平，掌心向前，左臂屈收，左手收至
腹前，掌心向上；眼看右手（圖 1-104）。

【規格要領】

1. 本式和「倒捲肱」比較，有下述差別：

第一，「倒捲肱」是順步的虛步推掌，即前推的掌和
前伸的虛腿在身體的同側；而本式則是拗步的虛步推掌，
即前推的掌和前伸的虛腿在身體的異側，故本式前推掌的
肩前順程度要略小於「倒捲肱」，上體才較為寬舒自然。

第二，本式前推掌時肩部鬆沉，肘部微下垂，手指高
與眼平，較之「倒捲肱」前推掌要略高一些。

第三，本式後撤掌時肩部鬆沉，用前臂外側（掌背一側）向後下方旋轉沉帶，肘部收至腰側，手收在腹前，使對方的攻擊落空，而不是像「倒捲肱」那樣把後撤手收至腰側。

2. 後坐翻掌肘、頭隨身體稍右轉，眼睛向右前方掃視，不要過分轉頭看側後方的右手，造成頸部過度旋轉。

【攻防含義】

當對方右拳或右掌擊來，我用左前臂外旋壓住其腕或前臂，並順勢向下、向後引帶，右手乘勢直擊其面，又稱撲面掌。

十三、右蹬腳

1. 穿手提腳　上體稍右轉；右手稍向後收，左手經右手背上向右前方穿出，兩手交叉，腕關節相交，左掌心斜向上，右掌心斜向下；左腳提起收至右小腿內側；眼看左手（圖 1–105）。

2. 上步翻手　上體稍左轉；左腳準備向左前方上步（約30°）；兩手翻轉分開，掌心向前，虎口相對，兩臂半屈成弧相對；眼看前方（圖1–106）。

3. 分手弓腿　左

圖 1–105　　　　圖 1–106

圖 1-107　　　圖 1-108　　　圖 1-109

腳落步，重心前移，左腿屈弓，右
腿自然蹬直；上體稍右轉；兩手向
兩側畫弧，掌心相對；眼看右手
（圖 1-107）。

　　4. 抱手收腳　右腳收至左腳
內側，腳尖點地；兩手向腹前畫弧
相交合抱，舉至胸前，右手在外，
兩掌心皆向內；眼看右前方（圖
1-108）。

圖 1-110

　　5. 翻手提腿　左腿支撐，右
腿屈膝上提，右腳尖自然下垂；兩臂內旋，兩手翻轉分
開，虎口相對；眼看右前方（圖 1-109）。

　　6. 分手蹬腳　兩手分別向右前和左後方畫弧分開，兩
臂展於兩側，肘關節微屈，腕與肩平，掌心皆向外；右腳腳
尖上勾，腳跟用力慢慢向前蹬出，右腿膝關節伸直，與右臂
上下相對，方向為右前方約 30°；眼看右手（圖 1-110）。

【規格要領】

1. 本式手臂的動作較為複雜。在「穿掌─分手─合抱─撐開」的整個過程中，隻手兩次交叉和分開。畫弧的路線、前臂的旋轉和手掌的變化等都應弄清楚。

第一動的穿掌應隨著上體微向右轉，左手保持手心向上，經右手腕上向前伸穿；右手放鬆或手心斜向下，兩手手背相對在面前交叉，兩腕與肩同高，兩肘微屈。

第二、三、四動的分手與合抱，是一個完整的兩臂回環過程。分手時，左手一邊內旋翻掌，一邊經面前向左側畫弧、右手向右側畫弧分開；隨之，兩手不停頓地一邊外旋翻掌，一邊向下經腹前交叉合抱於胸前。這個過程中要注意三點：一是畫弧時兩肘均保持微屈狀態，不要伸直；二是分手經面前、畫弧經腹前、合抱於胸前，做到這「三前」就易於把動作做正確；三是邊翻掌邊畫弧，即畫弧中有前臂的旋轉。合抱時兩掌手心向內，右手在外（左蹬腳時左手在外），兩肩鬆沉，兩肘微屈。要有向外膨脹的意念，把兩臂撐圓。

第五、六動兩手的動作，主要是翻掌外撐。兩手右前、左後地向兩側分開畫弧時，不要超過頭部的高度。兩肘保持微屈邊旋轉邊弧形外撐。不要屈肘翻腋外推，不走弧線，上臂也不要同肋部夾住，破壞圓活寬舒的狀態。前臂的旋轉與兩掌的翻轉，要在畫弧的過程中逐漸完成，不要有突發的翻掌動作。另外，本動的撐臂還應和向右蹬腳的腿法配合一致。

本式「穿、分、抱、撐」的掌法變化，可以單獨抽出

來練習，然後再結合到整體動作中去。

2. 本式的步法是由收腳上步、過渡弓步和提腿蹬腳構成。

所謂過渡弓步，是指在過渡動作中有弓步過程。第一動和第二動的收腳上步，同做第一個「左摟膝拗步」時的步法類同。邁步的方向是偏左前方30°，左腳尖指向應同邁步的方向一致，不要外撇。第三動前弓後蹬成左弓步和第四動右腳跟進這一過程，都應按前述的進步步法要領去做。初學者在做這個過渡弓步時，隨兩手經腹前畫弧的抱手動作往往低頭彎腰、前腳外撇、身體下蹲，猶如從地面抱起東西似的。在這前三動中，上體都要保持正直，重心轉換時身體不要起伏。

3. 蹬腳前，首先使身體穩定，然後再提膝分手。右腿提膝時，腳尖自然下垂，膝部高提（以不造成緊張為度）。接做蹬腳動作時，一邊勾屈右腳，一邊伸直右腿，力點在腳跟，慢慢地向右前30°蹬出，右腿要蹬直，右腳略高於胯部為宜。支撐身體的左腿膝部微屈，此時身體應略高於弓步高度，故比其他各式屈膝程度要小。要保持平衡穩定，上體正直，下頦微向內收，頭微向上頂，兩肩鬆沉，胸部寬舒，呼吸自然（在提膝時吸氣，蹬腳時呼氣，有助於身體的穩定）。蹬腳的動作，要與兩手翻掌外撐協調一致。當右腳蹬到頂點時，兩臂也分到右前、左後平舉，兩腕均與肩平，肘部微屈，手心均斜向外，同時沉腕、舒掌，微微一撐一沉，使動作顯得沉著穩定。右臂與右腿上下要相對，不可交錯。撐臂平舉的動作能夠幫助維持獨立蹬腳時的身體平衡。

　　初學者做這個動作時容易出現的毛病較多，如：單腿站不穩，上體後仰或前傾，兩臂一高一低，獨立的左腿緊張蹬直或屈膝太過，右腳尖不勾屈，力點達不到腳跟，右臂和右腿上下交錯，肩部緊張上聳，胸部緊張憋氣，甚至面部、頸部也繃緊用力，彎腰、探頭，等等。造成這些錯誤的主要原因在於站立不穩和蹬腳不高，尚未做蹬腳動作，精神就已經緊張起來，為了勉強蹬得高而產生了上述這些毛病。應注意初學動作時不要強調高蹬，應在勾腳低蹬的放鬆狀態下把動作姿勢的各要點逐項做好。要站得穩、蹬得高，是多種因素促成的。

　　首先就是各種動作姿勢均要符合要領；還要具有一定的身體素質，如腰腿柔韌性、腿部力量、平衡控制能力等。動作質量的提高是堅持經常鍛鍊的結果，年齡大、缺乏體育鍛鍊基礎的人，應該循序漸進，逐步提高。開始時可以蹬得低些，但不要降低其他方面的動作質量要求。

　　4. 本式動作較複雜，幅度也較大，配合稍不協調就會顧此失彼。在連貫練習時應注意做到：穿掌與提腳一致；上步與翻手一致；弓腿與分手一致；收腳與抱手膝與舉手翻掌一致；蹬腳與分手撐臂一致。按照「動作分解說明」的要求連貫起來做，就會使整個動作協調一致。

　　5. 配合轉體的眼神處理要引起注意，否則即使動作做得基本對了，也顯得呆滯散亂。

　　第一動視線隨左手；第二動視線轉正；第三動弓步時視線轉向右手；第四動再轉正。隨之提膝時，視線隨上體微右轉而轉看即將蹬腳的右前方。最後，眼看右手。

圖 1-111

圖 1-112

圖 1-113

十四、雙峰貫耳

1. 屈膝併手　右小腿屈膝回收，腳尖自然下垂；左手經頭側向體前畫弧，與右手併行落於右膝兩側，掌心皆翻轉向上；眼看前方（圖 1-111、112）。

2. 上步落手　右腳向右前方上步，腳跟著地，腳尖斜向右前約 30°；兩手收至兩腰側，掌心向上（圖 1-113）。

圖 1-114

3. 弓步貫拳　重心前移，右腳踏實，右腿屈弓，左腿自然蹬直，成右弓步；兩手握拳從兩側向上、向前畫弧至頭前，兩臂半屈成弧相對，兩拳相對成鉗形，相距同頭寬，前臂內旋，拳眼斜向下；眼看前方（圖 1-114）。

【規格要領】

1. 本式弓步的方向應與右蹬腳的方向一致。在上步出腳前，先支撐腿屈蹲，重心下降，然後再將右腳邁出，直至腳跟著地時身體重心仍在左腿，不要出現「搶步」、「落地砸夯」等毛病。

2. 第一動中在收腿的同時，先把在側後方平舉外撐的左手，一邊翻掌向上一邊經左額側落到體前，同手心逐漸翻轉向上的右手匯合，此刻兩手心均向斜上方，與肩同寬，高與肩平，兩肘微屈；然後兩手再一齊畫弧下落分置於右膝的左右側。初學者往往兩手在體前未合就下落到膝部兩側；有的兩手在體前突然向上翻掌，出現明顯的「斷勁」，而不是邊走弧線邊旋臂翻掌；也有不少人收腿太快，屈舉著腿等待手臂動作的完成。以上都應避免。

3. 第三動中兩掌變拳的動作是兩手由膝側繼續畫弧下落經腰側時，前臂內旋逐漸握拳。不要屈腕耍個「腕花」來握拳。

4. 本式兩拳向前上方貫出，力點在拳面。定式時，兩肘微屈，肘尖下垂並向兩側外開，兩拳眼斜向下。這樣，兩臂保持弧形如鉗狀。初學者往往兩肘過於外開上架，引肩上聳，或是兩肘直向下垂，拳眼相對，夾臂收腋。再者，兩拳高舉，低頭彎腰，也是常見的毛病。

不少人弓步貫拳時俯身、突臀，忘卻了上體正直、鬆腰胯的基本要求。定式時微微一沉並向上頂頭、向下沉肩、四肢貫力的要領仍要表現出來。

十五、轉身左蹬腳

1. 轉體分手　重心後移，上體左轉，右腳尖內扣；兩拳鬆開，左手隨轉體經頭前向左畫弧，兩手平舉於身體兩側，掌心向外；眼看左手（圖1-115、116）。

2. 收腳合抱　重心右移，右腿屈膝後坐，左腳收至右腳內側，腳尖點地；兩手向下畫弧，於腹前交叉合抱，舉至胸前，左手在外，兩手心皆向內；眼看前方（圖1-117、118）。

3. 提膝翻手　左腿屈膝高提，腳尖自然下垂；兩臂內旋，兩掌心翻轉向外，虎口相對；眼看蹬腳方向（圖1-119）。

4. 分手蹬腳　兩手向左前和右後方畫弧分開，平舉於身體兩側，掌心

圖1-115

圖1-116

圖1-117

圖1-118

圖 1-119

圖 1-120

皆向外，肘關節微屈；左腳腳跟著力，腳尖上勾向左前方
（約30°）慢慢蹬出，與右蹬腳方向對稱；左腿蹬直與左
臂上下相對；眼看左手（圖1-120）。

【練習要點】

兩個蹬腳的方向要對稱，與中軸線前後保持約30°的
斜向。兩個仆步要保持約一腳長的寬度，使側伸腿的腳尖
與屈蹲腿的腳跟連線大體與中軸線平行。這樣有利於弓腿
起身的自然穩定。

【攻防含義】

左右蹬腳　用手分撥開對方的進攻，隨即用腳蹬踹對
方。

十六、左下勢獨立

1. 收腿勾手　左腿屈收，左腳下垂收於右小腿側；上

體右轉；右臂稍內合，右手捏攏變勾手，左手經頭前畫弧擺至右肩前，掌心向右；眼看勾手（圖1–121）。

2. 屈蹲開步　右腿屈膝半蹲，左腳腳前掌落地，沿地面向左側伸出，隨即全腳踏實，左腿伸直；左手落於右肋側；眼看勾手（圖1–122）。

3. 仆步穿掌　右腿屈膝全蹲，上體左轉成左仆步；左手經腹前沿左腿內側向左穿出，掌心向外，指尖向左；眼看左手（圖1–123）。

4. 弓腿起身　重心移向左腿，左腳尖外撇，左腿屈膝

圖1–121

圖1–122

圖1–123

圖1–124　　　　圖1–125　　　　圖1–126

前弓，右腳尖內扣，右腿自然蹬直；重心恢復至弓步高度；左手繼續前穿並向上挑起，右勾手內旋，背於身後，勾尖朝上；眼看左手（圖1–124）。

5. 獨立挑掌　上體左轉；重心前移，右腿屈膝前提，腳尖向下，左腿微屈獨立支撐，成左獨立步；左手下落按於左胯旁；右勾手下落變掌，經體側向體前挑起，掌心向左，指尖向上，高與眼平，右臂半屈成弧，肘關節與右膝相對；眼看右手（圖1–125、126）。

十七、右下勢獨立

1. 落腳勾手　右腳落於左腳右前約一腳距離，腳前掌著地，上體左轉，左腳以腳掌為軸隨之扭轉；左手變勾手向上提舉於身體左側，高與肩平，右手經頭前畫弧左擺至左肩前，掌心向左；眼看勾手（圖1–127、128）。

2. 屈蹲開步　左腿屈膝半蹲，右腳提收至左小腿內側，然後以腳前掌落地，沿地面向右伸出，隨即右腿伸

圖 1-127

圖 1-128

直，右腳全腳踏實；右手落至左肋側；眼看勾手（圖 1-129）。

3. 仆步穿掌　左腿屈膝全蹲，上體右轉成右仆步；右手經腹前沿右腿內側向右穿出，掌心向外，指尖向右；眼看右手（圖 1-130）。

4. 弓腿起身　重心移向右腿，右腳尖外撇，右腿屈膝

圖 1-129

圖 1-130

圖 1-131　　　　　圖 1-132　　　　　圖 1-133

前弓，左腳尖內扣，左腿自然蹬直；重心恢復至弓步高度；右手繼續前穿並向上挑起，左勾手內旋，背於身後，勾尖向上；眼看右手（圖 1-131）。

5. 獨立挑掌　上體右轉，重心前移；左腿屈膝前提，腳尖向下，右腿微屈獨立支撐，成右獨立步；右手下落按於右胯旁，左勾手下落變掌，經體側向體前挑起，掌心向右，指尖向上，高與眼平，左臂半屈成弧，肘關節與左膝相對；眼看左手（圖 1-132、133）。

【練習要點】

1. 蹬腳和下勢時，身體要保持鬆正，兩臂要對稱伸展。不可因強求高度造成緊張憋氣、前俯後仰、彎腰低頭、屈臂上舉等錯誤。仆步時上體可稍向前傾，一般不超過 30°。為了輕鬆穩定地做好蹬腳和仆步，要不斷提高下肢柔韌性。可採取壓腿、踢腿等基本功練習手段，加強柔韌性訓練。訓練中要循序漸進，因人而異。

2. 獨立步時重心升高，仆步時重心降低，其它姿勢、動作一般應保持屈膝半蹲狀態，注意膝、髖關節的靈活屈伸，防止重心起伏不定，髖、膝關節僵挺。

3. 由仆步轉成獨立步時，一定要充分做好兩腳腳前掌的外撇和內扣。前腳尖外撇適度可使腿獨立支撐時穩定自然，上體和順。後腳尖內扣充分可避免步子過大，屈膝提腿困難，發生拖步現象。

【規格要領】

左下勢獨立

1. 左仆步時，左腿膝部要伸直，左腳尖裡扣，左腳腳掌全部著地，不要出現腳外側離地的「掀腳」現象。右腿屈膝儘量下蹲，右腳尖略外展，右腳腳掌全部著地，不要有腳跟離地的「拔跟」現象。右膝部應和右腳尖方向一致，不要向裡裏扣。身體重心在右腿上。仆步的兩腳前後距離，以仆出腿的左腳尖和下蹲腿的右腳跟在一條直線上為宜，不要過寬和過窄。仆步的兩腳尖指向和橫向距離，如附圖六所示。

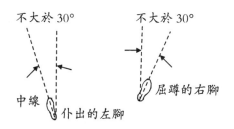

附圖六

　　仆步時避免塌腰突臀、上體過於前俯。隨著穿掌動作，身體可向仆腿的方向（正西）微傾。

　　做好仆步步型，要求腰、腿要具備一定的柔韌性。如同「蹬腳」動作一樣，動作質量要靠多做基本功練習、長期堅持鍛鍊來提高，不可急於求成。

　　2. 第一動先把蹬出的左小腿收回，左腳腳尖自然下垂在右小腿內側（不是著地）。向右轉身要充分，視線隨左手掃視到右後方轉看右勾手。勾手的方向是側後方約45°。

　　第二動在右腿屈膝下蹲的同時，左腳沿右腿內側下落，從右腳跟附近向左側偏後方伸出（便於保持合適的寬度）。左膝伸直，左腳前掌內側先著地，擦地向左仆出。擦地的左腳掌儘量向裡扣，全腳掌逐漸著地踏實。注意此時不可向左轉體，要把腰胯位置安排得自然順遂，眼仍看右後方的勾手。

　　第三動上體向左轉動，右腿充分下蹲，左掌一邊向外翻掌一邊向腹前畫弧，成手心向外，並繼續順著左腿內側向前穿出。視線隨穿掌轉看身體左側。轉體和穿掌動作要協調一致。此時身體仍由右腿支撐，重心不要前移。穿掌時肩部放鬆，上體可微向前傾，以助其勢。此時右手仍在右後方保持勾手。

　　3. 獨立步時，支撐身體的腿膝部保持微屈，不要挺直。另一腿屈膝上提，小腿和踝部放鬆，腳尖自然下垂，不要勾屈或繃直。頭頸正直，微微上頂。上體正直，臀部內斂。眼平視前方，精神貫注，平衡穩定。

　　4. 定式時右臂上挑要舒展，不要過分屈肘收縮。左手

下按要充分沉按，不要軟屈。

5. 由仆步轉換到獨立步時要注意：

（1）仆步的左腳在起身前要儘量外撇；右腳以腳跟為軸，腳尖充分裡扣。

（2）身體重心充分前移，以便將右腿輕輕提起。

（3）右腿屈膝提起要和右手向前挑起協調一致。就好像用右手將右腿牽起似的。

初學者往往由於重心前移不夠和右腳裡扣太少（或做成右腳跟後蹬外展，造成仆步步幅過大），以致右腿不是用大腿的力量向上輕輕提起，而是用右腳猛力蹬地一彈而起，如「踩彈簧」狀，或右腳擦地如「穿拖鞋」似的提起右腿。造成提膝時身體不穩。

本式連貫練習時容易產生各種「斷勁」現象。初學者往往在穿掌後或過渡弓步形成以後明顯地停頓一下。這類問題在各式的分解教學中都不同程度地存在著，應在基本掌握分解動作之後，多做連貫動作的練習，以消除動作分解的痕跡。

右下勢獨立

1. 做第一動時要注意：

（1）在右腳下落，腳前掌著地以後，再開始做其他的動作。

（2）右腳前掌應落在右腳右前方約 20 公分處，這樣，當左腳跟內轉之後，右腳的位置恰在左腳足弓內側。

（3）左腳腳跟內轉的程度，以使左腳腳尖的指向便於做仆步為宜（南偏東約 20～30°）。

（4）向左轉身的過程中，身體重心始終在左腿上。

2. 本式的第二動和「左下勢獨立」的第二動不同之處，僅在於右腿仆腿前，應先把腳前掌著地的右腳微微提起離地後再仆出。不要不提腳擦著地面仆出。

餘皆同「左下勢獨立」，只是左右式相反。

【攻防含義】

下勢（仆步穿掌）　對方左手打來，我用右勾手刁住其腕，隨之蹲身下勢，左腿、左掌插入對方襠下將對手掀起。

獨立挑掌　對方左手擊來，我用右掌向上挑開對方，隨即右腿屈提，用膝關節向前頂撞對方。

本課出現的新的手型、步型、手法、步法、腿法規格如下：

拳　太極拳的主要手型之一。五指屈捲握攏，四指捲於掌心，拇指壓在食指、中指第二指節上。握力要自然，不可過緊過鬆。

獨立步　太極拳的主要步型之一。一腿獨立支撐，膝關節稍屈；另一腿屈膝前提，大腿高於水平，小腿及腳尖自然向下。上體保持中正，重心保持穩定，不可屈腿彎腰，身體搖晃，屈提腿，小腿不可前伸，腳尖不可上翹。

貫拳　拳從斜下方向前上方弧形擺動橫擊。臂半屈呈弧形並內旋，力點在拳面，拳眼斜向下方。不可聳肩、提肘、屈腕，也不可直臂挺肘。

挑掌　側掌由下向前上方挑起，力點在掌的拇指一側。

穿掌　掌沿著身體、大腿或另一手臂由屈而伸，力點在指尖。可以前穿、側穿、上穿、下穿等。臂的屈伸、手貼近身體某一部位移動和指尖走在前面是穿掌的特點。

提腿　一腿屈膝向前或向上提起，腳尖離地要高於支撐腿踝關節。

蹬腳　一腿獨立支撐，膝微屈；另一腿屈膝提收後再蹬踹伸直，腳尖上翹，力點在腳跟，高度要超過水平。蹬伸腿一定要先屈後伸，不可直腿上擺。

第5講

【學習內容】

簡化太極拳第七組動作（18～20動）。

插掌、架掌的規格。

太極拳動作的協調配合。

【動作提要】

十八、左右穿梭——左腳落地轉身抱手，右腳上步弓步架推掌；左腳上步弓步架推掌。

十九、海底針——右腳跟步，虛步下插掌。

二十、閃通臂——左弓步展臂推掌。

【動作說明】

十八、左右穿梭

(一)右穿梭

1. 落腳轉體　左腳向左前方落步，腳跟著地，腳尖外撇，隨之全腳踏實；上體左轉；左手翻轉向下，右手翻轉向上，開始「抱球」；眼看左手（圖1-134）。

2. 抱手收腳　上體繼續左轉；兩手在左肋前上下相

圖 1-134　　　　　圖 1-135　　　　　圖 1-136

抱，如抱球的樣子；右腳收至左腳
內側，腳尖點地；眼看左手（圖
1-135）。

　　3. 上步錯手　上體右轉；右腳
向斜前方約 30° 上步，腳跟著地；
右手由下向前上方畫弧；左手由上
向後下方畫弧，兩手交錯；眼看右
手（圖 1-136）。

　　4. 弓步架推　上體繼續右轉，
重心前移；右腳踏實，右腿屈膝前

圖 1-137

弓，成右弓步；右手翻轉上舉，架於右額角前上方，掌心
斜向上，左手前推至體前，高與鼻平；眼看左手（圖 1-
137）。

（二）左穿梭

1. 轉體撇腳　重心稍後移；右腳尖外撇，上體右轉；

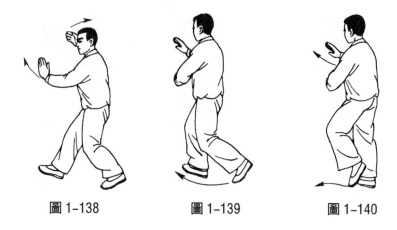

圖 1-138　　　　　　圖 1-139　　　　　　圖 1-140

右手下落於頭前，右手稍向左畫弧外展，準備「抱球」；眼看右手（圖 1-138）。

2. 抱手收腳　上體右轉；兩手在右肋前上下相抱，如同抱球的樣子；左腳收至右腳內側，腳尖點地；眼看右手（圖 1-139、140）。

3. 上步錯手　上體左轉；左腳向斜前方約 30°上步，腳跟著地；左手由下向前上方畫弧，右手由上向後下方畫弧，兩手交錯；眼看左手（圖 1-141）。

4. 弓步架推　上體繼續左轉；重心前移，左腳踏實，左腿屈膝前弓，成左弓步；左手翻轉上舉，架於左額角前上方，右手推至體前，高與鼻平；眼看右手（圖 1-142）。

【練習要點】

左右穿梭是拗弓步推掌，一定要安排好弓步的寬度和方向。切忌弓步過窄和手腳方向不一致。要保持上體鬆

圖 1-141

圖 1-142

正，不可歪扭。架掌時要沉肩頂頭，不可聳肩翻肘。

【規格要領】

1. 本式第一動左腳應在右腳的左前方落地，不要「搶步」、「砸夯」。在左腳跟著地後，身體重心隨之前移，前腳踏實、後腳跟抬起呈半坐盤步。

2. 由半坐盤步接轉弓步時，要注意兩點：

（1）「穿梭」的弓步應斜向右前方約 30°。

（2）本式是拗弓步，橫向距離約 30 公分。

3. 本式的手法變化是由「抱球」過渡為右手上撐、左手前推。兩手的動作路線，恰如把抱在胸前的「球」向右上方翻轉滾動，由此右手開始上架，左手收到肋側，為上撐、前推做好準備。

定式時右手應翻掌向上舉撐，停於右額前上方，有托架的意念。由於右手上舉，往往有人右肘也隨之揚起並導致右肩上聳、上體左斜。還有人右手上舉時過分往後拉，

上體右轉過多，右肩不能放鬆，從而造成腰胯緊張僵硬、弓步不穩。

左手的動作，要有先收回蓄勁，再向前推按的意念。有些人不是先把左手回到肋側再前推，而是由胸前向前按去；也有人不是直接向體前推出，而是向左側繞著前推。路線不對，勁力的運用當然不會順遂。

4.由「左穿梭」接做「右穿梭」時，先坐身再跟步的轉換方法與「左右摟膝拗步」差不多，但要注意右腳尖不要外撇過多。

【攻防含義】

對方右手打來，我伸右手向上挑架，同時左手前推出擊。左穿梭用意相同。

十九、海底針

1. 後腳跟步　右腳向前收攏半步，腳前掌落地，距前腳約一腳長；兩手放鬆，開始畫弧下落；眼看右手（圖 1-143）。

2. 後坐提手　重心後移，右腳踏實，右腿屈坐，上體右轉，左腳跟離地；右手下落經右胯側屈臂抽提至耳側，掌心向左，指尖向前，左手經體前向下畫弧至腹前，掌心向下，指尖斜向右前方；眼看前方（圖 1-144）。

3. 虛步插掌　上體左轉並稍向前俯身；右手從耳側向前下方斜插，掌

圖 1-143

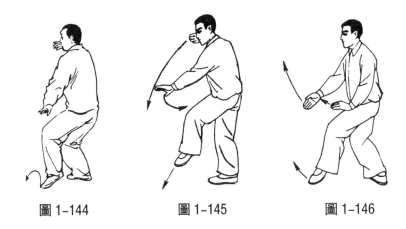

圖 1-144　　　　　圖 1-145　　　　　圖 1-146

心向左，指尖向前下，左手經左膝前畫弧摟過，按至左大
腿側，左腳稍前移，腳前掌著地成左虛步（圖 1-145、
146）。

【練習要點】

海底針時上體要舒展伸拔，不可因為上體稍有前俯就
彎腰駝背，聳肩縮脖。

【規格要領】

1. 本式在右腳跟進半步隨之坐身時，右腳要一邊以前
腳掌為軸使腳跟內轉、一邊逐漸踏實，使右腳尖指向北偏
西約 45°。

2. 兩手的動作路線，就是右手隨轉體在右側畫一個立
圓；左手隨轉體在體前畫半個立圓。右手向上抽提應提到
右耳旁，不要僅提到胸前。此時應保持鬆肩垂肘，不要因
為右手上提而揚肘聳肩、身體歪斜。在右手插掌時，要從

耳側斜向前下方直插出去，不要做成前「劈」或下「砍」狀。插掌時右肩不要過分前順，以免上體向左扭轉。左手的動作較簡單，注意經體前畫弧下落於左胯旁。

3. 初學者練習本式時往往動作散亂，主要原因是沒有用腰部的轉動來帶動和協調全身的動作。在身體後坐、右轉，重心移到右腿的同時右手向上抽提；在上體左轉時，左腳稍向前移，調整成左虛步步型，同時右手向前下方斜插。定式時，形成虛步、右手下插和左手下按三者要同時完成。

4. 定勢時，上體可以隨著右手插掌的動作微向前傾，但不要低頭、彎腰、突臀。在上體微前傾的狀態下仍要保持頭頸和軀幹的端正。眼應看前下方（五、六步遠處的地面）。若視線太低、太近，就易低頭；若眼平視前方，在上體微前傾的狀態下勢必造成仰頭、下頦前探的毛病。

【攻防含義】

對方右手打來，我用左手下按對方，右手直插對方襠部。

二十、閃通臂

1. 提手收腳　上體右轉並恢復正直；右手提至胸前，指尖朝前，掌心向左，左手屈臂收舉，指尖貼近右腕內側；左腳收至右小腿內側；眼看前方（圖1-147）。

2. 上步分手　上體再稍右轉；左腳向前邁出一步，腳跟著地，兩腳寬度約10公分；兩手開始翻掌分開，兩臂內旋，左手前推，右手上舉；眼看前方（圖1-148）。

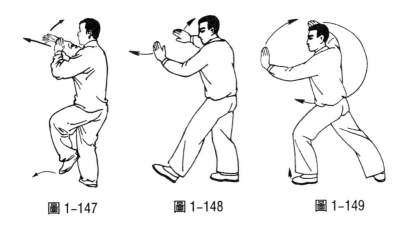

圖1-147   圖1-148   圖1-149

3. 弓步推掌　重心前移，左腳踏實，左腿屈弓，右腿自然蹬直成左弓步；左手推至體前，與鼻尖對齊，右手撐於頭側上方，掌心斜向上，兩手前後分展；眼看左手（圖1-149）。

【練習要點】

閃通臂是順弓步推掌。步子不可過寬。前手、前腿要上下相對。上體也不可過分扭轉側身。

【規格要領】

本式兩手一齊上提後再前進、上撐分開。左手經胸前向前推出，肘部應保持微屈，不要完全伸直。右掌屈臂上舉向右額上方翻掌撐出。兩手一推一撐前後分開的動作，應做得協調、開展。左手應體現出向前推按的意念；右手應體現出上撐並微向後引拉的意念。「穿梭」是拗弓步，上舉的手是托架在額前上方。而「閃通臂」是順弓步，上

舉的手向後引拉些，才不致造成腰胯的緊張，故可舉於額側上方。但右手也不可向後引拉過分，否則會造成右肩和腰胯的緊張。

【攻防含義】

我用右手捋其右腕後帶，左手推擊對方肋部。兩手同時推撐，快速突然，腰、腿、臂用時發力，名稱中的「閃」形容快速如閃電，「通臂」或「通背」是指勁力通達於兩臂或背部，全身形成一個整體，經由臂或背的展放，將勁力集中突發。

1. 本課學習的手法規格如下：

插掌——四指伸直併攏，指尖著力，臂由屈而伸，掌沿指尖方向向前伸出。前伸為前插掌；下伸為下插掌。

架掌——屈臂上舉，掌架於頭前或頭側，略高於頭，掌心翻轉向斜上方。

推掌——臂由屈而伸，掌從肩上或腰間、胸前向前推出。掌心向前，指尖朝上。

2. 打太極拳要求動作協調完整。即指身體各部位相互配合：手腳相合；身手相合；手眼相合以及意、氣、力與動作的配合，稱為內外相合。手腳相合也叫上下相合，一般說來指動作完成的時候手腳一致，齊到終點。

例如：閃通背和左右穿梭的弓步要與推掌相一致，不可手快腳慢或手慢腳快。初學者往往腿部無力，控制不住重心，使動作腿前手後，手腳分家。身手相合指身法與手腳動作相配合。如推掌時轉腰順肩，會使動作完整有力。太極拳理論說「根在腳，主宰於腰，形於手」，說明了

腰、手、腳三者的關係。

　　再如「海底針」提手時腰向右轉，插掌時向左轉腰順肩，使動作沉著、圓活，完整一體。如果僅僅是手的動作，腰、腿不動，則動作呆板漂浮。打拳時手眼相合也非常重要。一般說來，眼要看攻擊的方向，攻擊的手或拳。運轉中要注視前手或平視前方，以保證精神集中，意念貫注。低頭彎腰，目光散亂既不美觀，也不能維持正確的姿勢和要領。內外相合指形體動作要與意念引導、勁力虛實和呼吸相配合。如推掌時首先要有意識誘導，「先在心，後在手」。勁力要由虛轉實，由輕變沉，最後要有一種對拔的張力，使動作沉實穩重。呼吸的配合會使動作圓活充分，也能體現動作的攻防含義。

第**6**講

【學習內容】

簡化太極作拳第八組動作（21～24動）。

搬拳、攔掌、打拳的動作規格。

太極拳呼吸與動作的配合及全套練習要領。

【動作提要】

二十一、轉身搬攔捶——向後轉身搬拳、上步攔掌、弓步打拳。

二十二、如封似閉——後坐引手、弓步前按。

二十三、十字手——轉體收腳開立、兩手交叉合抱。

二十四、收勢——還原成預備姿勢。

【動作說明】

二十一、轉身搬攔捶

1. 轉身扣腳　重心後移，右腿屈坐，左腳尖內扣，身體右轉；兩手向右側擺動，右手擺至體右側，左手擺向左額前上方，掌心均向外；眼看右手（圖1-150）。

2. 轉體握拳　上體繼續右轉；重心左移，左腿屈坐，右腿自然伸直，右腳以腳前掌為軸，腳跟隨之內轉；右手逐

| 圖 1-150 | 圖 1-151 | 圖 1-151 附圖 |

漸握拳下落，經腹前向左畫弧，停於左肋前，拳心朝下，左手撐舉於左額前上方；眼向前平視（圖 1-151 及附圖）。

3. 墊步搬拳　右腳提收至左腳踝關節內側，再向前墊步邁出，腳跟先著地，腳尖外撇；右拳經胸前向前搬壓，拳心向上，高與胸平，肘部微屈，左手經右前臂外側下落，按於左胯旁；眼看右拳（圖 1-152、153）。

圖 1-152

圖 1-153

圖 1-154

圖 1-155

4. **轉體收拳** 上體右轉；重心前移，左腳跟提起；右臂內旋，右拳向右畫弧後收至體側，拳心轉向下，右臂半屈，左臂外旋，左手經左側向體前畫弧，掌心斜向下；眼平視前方（圖 1-154）。

5. **上步攔掌** 左腳向前上步，腳跟著地；左掌攔至體前，高與肩平，掌心向右，指尖斜向上，右拳翻轉收至右腰間，拳心向上；眼看左掌（圖 1-155）。

圖 1-156

6. **弓步打拳** 上體左轉；重心前移，左腿屈弓，左腳踏實，右腿自然蹬直，成左弓步；右拳向前打出至胸前，肘微屈，拳心轉向左，拳眼轉向上，左手微收，掌指附於右前臂內側，掌心向右；眼看右拳（圖 1-156）。

【 練習要點 】

搬攔捶的轉身動作要做到虛實清楚，轉換輕靈，重心平穩。轉換中注意重心的移動，腳的扣轉，腿的屈伸，重心不可起伏。切忌轉身時後腿不屈坐，挺膝挺髖，重心升高，上體歪扭等。

【 規格要領 】

1. 有關手法規如下：

搬拳——拳由內向外格擋防守。做法是右臂半屈握拳，前臂翻擺，右拳由左向右格擋，或由上向下搬壓。拳心向左或向上。力點在拳背或腕關節外側。左搬拳要領相同，但左右相反。

攔掌——掌向前阻攔防守。做法是左掌經左畫弧向前伸出，由左向右並內旋翻掌攔截。力點在掌指和掌心。右攔掌要領相同，唯左右相反。

打拳——拳由腰間旋轉向前沖打，由拳心向上轉為拳眼向上。力點在拳面。

2. 本式第一動和第二動，主要是從面向西轉到面向東並為搬拳做好準備。

第一動身體右轉向北方，但眼神要領先一些，平視右前方（北偏東）。左腳在不致引起腰胯緊張的前提下要儘量裡扣，為下一動搬拳做好準備。

第二動隨著身體重心移回左腿而使身體繼續右轉向北偏東，眼神仍要領先，平視即將搬拳的正前方（正東）。第二動隨身體重心由右腿移回左腿，有一個右腳跟離地、

以前腳掌為軸內轉的調整動作。這樣，一來不致因右腳仍扣腳踏實而造成身體緊張；二來也為下一步搬拳時收腳的「點離地」做好準備。

注意，此時不要把右腳收向左腳內側，成腳尖點地狀，右腳應在原地做上述調整的動作。

3. 在第三動「搬拳」的方法中，初學者容易出現的錯誤有：

（1）右腳收至左腳內側點地後再邁出。

（2）右腳邁出在腳跟落地後才外撇腳尖；應邊邁腳邊外撇。

（3）撇腳邁出時抬腳過高，如同戲劇中的「亮靴底」的台步一樣。

（4）落地時右腳的整個腳外緣同時著地；應右腳跟先著地隨即踏實。

（5）右腳跟落地位置不對，不能保持兩腳間的正確橫向距離，往往偏左，把左腳別住；右腳跟落點不應超出左腳的腳跟至腳心的寬度，如附圖七所示。

搬拳時，右拳經胸前向體前翻轉撇出的動作要圓活自然，勁力順遂，右腳微屈，使前臂和上臂之間約成 120°，

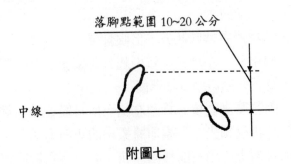

附圖七

同時左手從額前下落經右前臂外側採按於左胯旁。右手「搬」、左手「採」要同時完成，要用身體微向右轉來帶動手腳的動作，使之配合得協調一致。

4. 第四動、第五動「攔掌」的步法是收腳上步。第四動中身體右轉，重心前移到右腿，過渡步法做好了，上步攔掌的勁力就順遂。第五動左腳上步邁出的落點要滿足第六動中弓步橫向距離不超過 10 公分的要求。

左手的攔掌，在第四動時是隨身體右轉，手心向下經身體左側平行於地面的向前畫弧；第五動時則隨著身體微向左轉，邊外旋邊繼續前攔到頂點，由手心向下轉至斜向右前方，肘部微屈。

右手的收拳，在第四動時是隨著身體右轉，經身體右側邊內旋邊屈臂回收，由拳心向上轉至拳心向下；第五動時則隨身體微左轉，右拳再邊外旋邊收至腰側，由拳心向下轉至拳心向上。攔掌和收拳是一個完整的過程，用勁要順、畫弧要圓。練習時尤應注意腰部的旋轉和肩、肘的鬆垂。

初學者常犯的毛病有：攔掌到頂點時的外旋立掌做不出來；收拳時前臂先內旋再外旋的旋轉動作做得不充分；收拳時前臂內旋向右、向身後畫弧過大，造成臂外旋收向腰側時的揚肘聳肩。

5. 第六動較簡單，注意弓步橫向距離不得大於 10 公分。本式雖是打右拳，但由於左手亦附於右前臂內側，所以不能按拗弓步來處理。打拳時應注意：

（1）邊內旋前臂邊向前打出，到頂點時右拳拳心已轉向左（拳眼向上）。

（2）要有用拳面向體前沖出的意念，右拳高與胸平。

不要過於屈肘使拳面向上方打出。

（3）肩部保持鬆沉，右肩可略前順以助其勢。

（4）上體保持正直，不可順勢前傾。臀部內斂，鬆腰鬆胯。

【攻防含義】

對方左手打來，我用右搬拳格擋阻截，並旋臂右帶；對方右手打來，我復以左攔掌攔阻，以左手向右推開對方手臂，截斷對方攻勢；隨即用右拳直擊對手。

二十二、如封似閉

1. 穿手翻掌　左手翻轉向上，同時經右前臂下面向前穿出，右拳隨之變掌，並同時翻轉向上，兩手舉於體前；眼看前方（圖 1–157、158）。

2. 後坐引收　重心後移，右腿屈坐，左腳尖翹起；兩臂屈收，兩手邊分邊後引，分至與肩同寬，收至胸前，然後兩臂內旋，兩掌翻轉向下；眼看前方（圖 1–159、160）。

3. 弓步按掌　重心前移，左腿屈弓，左腳踏實，右腿自然蹬直成左弓步；兩手先向下落再向上、向前推出，與肩同寬，腕高與肩平，掌心向前，五指向上；眼看前方（圖 1–161、162）。

【練習要點】

如封似閉後坐收引時，重心充分後移，含胸縮髖，屈腿後坐。兩手要屈肘旋臂後引，不可前臂上捲，兩肘夾肋。前按時兩掌平行向前，不可分合或上挑。

圖 1-157　　　　　圖 1-158　　　　　圖 1-159

圖 1-160　　　　　圖 1-161　　　　　圖 1-162

【規格要領】

1. 本式的步法與「攬雀尾」中的「按式」相同。在攔掌上步時應把弓步的橫向距離調整合適。

2. 第二動中的收掌動作，同「攬雀尾」中「按式」收掌的差別，就是本式多一個胸前翻掌的動作。翻掌時肩部

鬆沉，肘部略向外開，保持兩手距離不超過肩寬。隨著上體後坐，邊屈臂回收、邊內旋前臂翻掌下落，兩手收到肋前時手心也翻轉向下了。注意兩臂不要直線回抽，應弧線下落；翻掌時不要兩肘貼肋。

3. 第三動弓步前按的動作，同「攬雀尾」中的「按式」。

【攻防含義】

對方雙手推來，我兩手交叉插入其兩臂之間，順勢向後掤引，同時旋臂分手化開對方攻勢，做到引進對方使其落空，我再雙手前按反擊對方。

二十三、十字手

1. 轉體扣腳　上體右轉；重心右移，右腿屈坐，左腳尖內扣；右手向右擺至頭前；眼看右手（圖1-163）。

2. 弓腿分手　上體繼續右轉，右腳尖外撇，右腿屈弓，左腿自然伸直，成右橫襠步（側弓步）狀；右手繼續向右畫弧，擺至身體右側，兩臂平舉於體側，掌心皆向前；眼看右手（圖1-164）。

3. 轉體落手　上體左移；重心左移，左腿屈弓，右腿自然伸直，腳尖內扣；兩手下落畫弧；轉頭，眼看前方（圖1-165）。

4. 收腳合抱　上體轉回起勢方向；右腳提起向左收回半步，腳前掌落地，隨之全腳踏實，兩腿慢慢直立，體重平均放於兩腿，兩腿平行向前，與肩同寬成開立步；兩手向下畫弧在腹前交叉，抱舉至胸前，右手在外，掌心皆向

圖 1-163　　　　　　　　　圖 1-164

圖 1-165　　　　圖 1-166　　　　圖 1-167

內，兩臂撐圓，兩腕交叉成斜十字，高與肩平；眼平視前方（圖 1-166）。

二十四、收勢

1. 翻掌分手　兩臂內旋，兩手翻轉向下並左右分開，與肩同寬，眼平視前方（圖 1-167）。

圖1-168

圖1-169

2.垂臂落手　兩臂徐徐下垂，兩手下落於大腿外側；眼平視前方（圖1-168）。

3.併腳還原　左腳輕輕提起與右腳併攏，腳前掌先著地，隨之全腳踏實，兩腳尖皆向前，恢復成預備姿勢；眼看前方（圖1-169）。

【練習要點】

十字手的轉體扣腳與弓腿分手兩動要連貫圓活，一氣呵成，不可中途停頓斷勁，形成接頭。其關鍵在於轉腰和右腳外撇保持連貫不斷。兩手合抱時注意上體保持端正，不可低頭彎腰。兩臂合抱要撐圓，不可抱得太緊。

【規格要領】

1.十字手的步法，是由弓步轉成側弓步過渡，再收腳成開立步。

右側弓步是在左腳尖裡扣，身體右轉，右腳尖外撇，

身體重心由左腿移到右腿的過程中形成的。

第一動左腳尖要先扣向正南，隨身體右轉，重心移向右腿。左腳尖裡扣不足或過多，在開立步時都會形成「八字腳」。

第二動時身體繼續向右轉到南略偏西，右腳隨轉體趁勢以腳跟為軸，腳尖外撇（此時身體重心仍在右腿上，不應有移換重心的附加動作），右腳尖指向西偏南，右腿前弓，身體重心充分移到右腿，完成側弓步。側弓步做正確後，兩腳位置不動，能蹲仆成仆步。

連貫練習中，應注意移換重心時兩腳的裡扣、外撇要自然連貫，不可「斷勁」。

2. 開立步是在身體微向左移，重心移回左腿，右腿收回，身體直立的過程中完成的。第三動身體微左轉向正南方，身體重心移向左腿，右腳尖裡扣。第四動時身體重心完全移到左腿上，右腳以腳掌為軸，腳跟先離地內轉，再輕輕地提起向左收回，右腳前掌在距離左腳約一肩寬處先落地，腳尖指向南方，隨後身體重心右移，由兩腿均擔，右腳逐漸踏實，身體自然直立成開立步。

上述右腳裡扣、內轉的調整動作，是為了縮短步幅，使提腳收回時易於輕靈穩定。

開立步的要求可參看前述。提腳落地仍要點起點落、輕起輕落。移換身體重心時不可左右歪斜，也不可故意往下屈蹲，使身體起伏。

3. 本式兩手分開平舉時，兩臂不可伸直，兩掌微微坐腕外撐。右手平擺畫弧時，肘部不可揚起，左掌不要跟隨右手向右擺動。

在成開立步時，兩手下落經腹前畫弧合抱於胸前。向下畫弧時，上體仍應保持正直，不可向前俯身彎腰，如從地上抱起東西似的。合抱時兩臂撐圓、沉肩垂肘、胸部寬舒。

4. 收勢　第一動就是由兩前臂內旋帶動著手掌翻轉向下。此時腕部不要過分鬆弛成「折腕」狀，或耍「腕花」翻掌。應邊翻掌邊前撐，肘部下垂，不要向外開，肩部要放鬆。

第二動中，在意念上氣隨兩臂徐徐下沉。

第三動的動作雖簡單，但收腳時仍要做到「點起點落」、「輕起輕落」，重心移換時虛實分明。結束姿勢的諸項要求同預備姿勢，可參看前述。

收勢尤應注意全身放鬆，把太極拳的運動特點貫穿到底。在完成了還原姿勢後再緩緩走動，不要加快動作速度匆匆還原或尚未完成收勢就走動。

【攻防含義】

雙手合抱胸前，既是封閉防守，又是伺機而發，應付對手的進攻。

【整體練習要領】

1. 打太極拳要求心靜體鬆。

初學時思想集中於記憶動作，精神容易專一。動作熟練以後，常有人打拳時思想走神，也有人精神渙散。技術提高以後，要用意引導動作，做到意動身隨，意在拳先，使動作的勁力、協調得到充分完美的表現。「體鬆」就是

要保持身體自然舒展。初學時不可緊張生硬，熟練後不可疲軟鬆懈。

2. 要注意屈腿落胯，進退輕靈。

練習太極拳要求邁步如貓，輕靈穩定。下肢穩固才能使上體鬆正，重心平穩。因此，太極拳特別注意樁步、行步的訓練，打好步型、步法的基礎，加強腿部的支撐力和柔韌性。要防止挺膝、挺髖的站立式打拳和步法虛實不分，行步拖泥帶水的散步式打拳。

3. 動作要連貫圓活。

太極拳動作如行雲流水，綿綿不斷。動作之間要圓活，銜接過渡不可生硬和停頓。關鍵在於保持以腰為軸的周身協調。速度忽快忽慢，用力忽大忽小，運轉過猛過急，手腳不配合，腰手分家，重心不穩等都會造成「斷勁」，使動作出現生硬接頭。

4. 太極拳在均勻中要顯示虛實變化。

這是一步較高的技巧。太極拳的虛實變化，主要靠意念的引導、勁力的輕沉、姿式的開合、呼吸的配合來調整。例如，一個動作完成時，要注意頂頭、沉肩、沉氣、鬆腰，使全身充滿一種張力。過渡到下一動作時，要先意領，再腰轉，隨之手動，起動要輕靈。動作運轉中，全身要協調流暢。定勢時又要完整充實。這樣打起太極拳來才會形成靜中有動，柔中有剛，勻中有變，充滿活力生機。

5. 太極拳要求呼吸自然平穩，深勻細長。

初學時只要求自然呼吸，按著「開吸合呼」的原則，與動作自然配合，一般說來，當運動中肩胛開放，胸腔舒張時吸氣；肩胛內合，胸腔收縮時呼氣，完全與運動生理

要求相一致。但技術熟練以後，應逐步將呼吸與動作的自然配合轉為自覺的引導。當動作由虛而實，由蓄而發時，勁力要求沉實，動作要求穩定，此時應自覺加深呼氣，做到「氣沉丹田」，使膈肌、腹肌保持一定緊張度。當動作由實轉虛，由發轉蓄時，勁力要求含蓄，動作要求輕靈，此時應自覺地吸氣，做到「收斂入骨」、「往來貼背」，使周身運轉圓活，或處於一觸即發之勢。這種呼吸叫做「拳勢呼吸」。

在太極拳練習中，自然呼吸和拳勢呼吸應交替運用。拳勢呼吸的比重應根據個人技術熟練程度和練習體會需要而決定。但任何時候都不能使呼吸勉強地受動作束縛。不可機械配合，強硬憋氣。太極拳的重要原則是「以意運氣，非以力使氣」，「氣以直養而無害」，「全身意在精神，不在氣，在氣則滯」。

中 篇
太極拳競賽套路

主講教師：
北京體育學院武術系
副教授 門惠豐

　　太極拳運動近年來愈來愈受到國內外愛好者的喜愛，各種形式的比賽和交流活動日益頻繁，技術水平不斷提高，為了進一步普及太極拳運動，迫切需要創編既能反映當今運動技術水平，又能適應比賽的規範化套路，國家體委武術研究院組織部分專家，編寫了這套《太極拳競賽套路》。

　　《太極拳競賽套路》全套共42個動作，是在「四十八式太極拳」技術風格的基礎上，吸收了各流派之長，又有所創新。內容充實，動作規範，結構嚴謹，編排新穎、布局合理，動作數量、組別和時間等均符合競賽規則要求。

【學習內容】

介紹太極拳基本功

1. 太極樁

　　做法　兩腳開立同肩寬，兩腿屈蹲，重心在兩腳之間，兩手臂抱於胸前，指尖相對（相距10公分）；目視兩手之間。

　　要求　上體正直，頭正懸頂，下頦微收，沉肩垂肘，鬆腰斂臀，膝腳相對，精神集中，意守丹田，呼吸自然（初練時，每次可靜站3～5分鐘）。

　　目的　提高太極拳專項素質，增加內勁，端正身體姿

勢，沉穩重心，為學習掌握太極拳技術動作奠定基礎。

2. 開合樁

做法　在無極樁的基礎上兩臂做離心外開和向心內收的練習。「開」時吸氣（小腹鼓起），「合」時呼氣（小腹內收）。

要求　「開」「合」動作要緩慢、柔和、圓滿，呼吸配合動作要細、長、勻、緩。初練時，自然呼吸，不要勉強憋氣。久練後，可加大呼吸程度擴大充氣量。每次可練習 3～5 分鐘，日久遞增。

目的　鍛鍊臟腑，達到內壯之目的。練拳時，以便動作與呼吸協調配合。

3. 升降樁

做法　兩腳開立同肩寬，兩臂垂於體側。「升」兩臂前平舉，與肩同寬，手心向下。「降」屈蹲按掌至腹高，掌、膝、腳相對。動作與呼吸的配合是：升吸、降呼。上下肢配合是：舉臂時伸膝；按掌時屈膝下蹲。可多次反覆練習。

要求　動作緩慢，上下肢配合協調，膝的伸屈與手臂的升降要有水漲船高，水落船降之感。上體始終保持中正，不可突臀彎腰。降時屈膝，大腿不低於水平。初練時，自然呼吸，久練後，呼吸要隨動作協調一致。

目的　拳打開合定勢，由升降樁練習，可以提高起收勢及套路動作的質量，鍛鍊腿部力量及膝關節靈活性。

4. 虛步樁

由「升降樁」、「開合樁」和「手揮琵琶」三種姿勢和勁法組成的完整練習。

做法 兩腳開立，兩臂前舉。屈蹲按掌。出步轉體開手（重心移於右腿），兩手相距稍寬於肩。上步合臂（同簡化太極拳「左手揮琵琶」）。這樣左腿虛右腿實，定勢靜站，當感到後腿支撐力不足時，變換「虛步樁」右勢；做法與左勢相同。重複練習數次。呼吸與動作的配合同「升降樁」、「開合樁」。

要求 頭頸正直，上體中正，斂臀坐胯，虛實分明。定勢時，鼻尖、手尖、腳尖三尖相照。動作時，手腳上下協調一致。

目的 「虛步樁」又稱太極拳的「技擊樁」，學練此樁功不僅有助於體內周身內勁及腰腿勁力的增長；增加練拳時動作的穩定性；亦能為練習太極拳推手奠定基礎。

5. 進步

（1）背手立正 身體直立，腳跟併攏，腳尖外擺（夾角約 90 度），兩手背貼附腰後部；目視前方。

（2）屈膝提步 重心移至右腿併屈膝，左腿屈膝，左腳提起。

（3）上步虛步 左腳向左前方上步，腳跟著地成左虛步。

（4）前移弓步 重心移向左腿，全腳踏實，腳尖向前成左弓步；目視前方。

（5）坐身虛步 重心移至右腿，屈膝後坐，左腿自然伸直，左腳上翹成左虛步。

（6）擺腳碾步 身體微左轉，左腳外擺，重心移向左腿並屈膝，左腳掌踏實；同時右腿屈膝，腳跟提起，前腳掌向內碾轉。

（7）屈膝提步　重心全部移至左腿並屈膝，右腿屈膝，右腳提收至左腳內側（胸與支撐腿的膝、腳尖方向一致）。

（8）上步虛步　上體微右轉，右腳向右前方上一步成右虛步。

（9）前移弓步　重心移向右腿，全腳踏實，腳尖向前成右弓步；目視前方。

根據以上步法變換過程，兩腿交替反覆練習。此為「進步」練習。

要求　上體保持中正，重心平衡，不要忽高忽低。姿勢的高低以個人腿部力量而定，因人而宜。行進中兩腿虛實要分明，步法變換要輕靈。

目的　此練習可增加太極拳步法連貫、穩健、虛實轉換技術及腿部力量。

6. 退步

（1）疊掌開立　兩腳開步直立；兩手在腹前相疊，左手在外，右手輕貼小腹（丹田處）；目視前方。

（2）撤步後坐（左勢）　重心移至右腿並屈膝，左腿屈膝，左腳提起向左後方撤步，前腳掌先著地，重心逐漸移向左腿並屈膝後坐，右腿自然伸直。

（3）撤步後坐（右勢）　做法與左勢相同，惟左右勢交換。

（4）立正收式　前腳收至後腳側，腳跟併攏兩腳尖外擺，兩腿慢慢伸直。

要求

1. 前腳提起時，屈膝以大腿帶小腿，腳跟先抬起，腳

尖自然下垂後收。

2.撤步向後落腳時，小腿領先後伸，前腳掌先著地，逐漸至全腳踏實後坐。前腳以腳掌為軸碾正。

3.向後坐身時，要斂臀坐胯，上體始終保持中正。

目的　練習提高太極拳步法穩健、連貫、輕靈及虛實轉換技術；鍛鍊腿部力量增強重心的穩定性。

太極拳競賽套路第一段（1～3動），共三個動作。即起勢、右攬雀尾、左單鞭。

【動作說明】

一、起勢

1.併腳直立　兩腳併攏，身體自然直立，頭頸端正；目視前方（圖2-1）。

2.開步站立　左腳向左慢慢開步，與肩同寬，腳尖向前（圖2-2）。

圖2-1　　　　　　圖2-2　　　　　　圖2-3

圖 2-4　　　　　圖 2-5　　　　　圖 2-6

3. 兩臂前舉　兩臂向前平舉，與肩同寬，手心向下，
兩肘微屈下垂（圖 2-3）。

4. 屈蹲按掌　兩腿屈膝半蹲，兩手按至腹前，掌與膝
相對（圖 2-4）。

【攻防含義】

若對方迎面用雙手抓握我兩手腕時，即可趁勢兩手提
腕舉臂前掤，將對方抖出；若對方兩手向我腹部出來，我
即可兩手下按其雙臂，用採勁使其腳跟離地身體前傾。

二、右攬雀尾

1. 收腳抱球　右腳尖稍外擺，微右轉體，左腳提起收
至右腳內側；兩手體前右抱球（手心相對，右手與胸高，
左手與腹高）（圖 2-5）。

2. 轉體上步　上體微左轉，左腳向左前上步，腳跟輕
輕落地，兩手上下微微相合（圖 2-6）。

圖 2-7　　　　圖 2-8　　　　圖 2-9

3. 弓步掤臂　上體繼續左轉，重心前移成左弓步；左臂向前掤出，右手落於右胯旁；目視左前臂（圖 2-7）。

4. 收腳抱球　上體微左轉，右腿收至左腳內側；右手向左，兩手體前成左抱球狀；左手與胸同高，右手與腹同高（圖 2-8）。

5. 轉體上步　上體微右轉，右腳向右前上步，腳跟著地；兩手上下微合（圖 2-9）。

6. 弓步掤臂　重心前移成右弓步；右臂向前掤出，手同胸高，左掌落於左胯旁；目視右前臂（圖 2-10）。

7. 轉體伸掌　上體微右轉；右掌前伸，掌心向下；左掌心向上伸至右腕下方；目視右掌（圖 2-11）。

8. 轉體下捋　重心後移，上

圖 2-10

體微左轉；兩掌下捋至腹前；目視右掌（圖2-12）。

9. **轉體橫臂**　右臂屈肘橫於胸前，掌心向內；左掌心轉向外附於右腕內側（圖2-13）。

10. **弓步前擠**　重心前移成右弓步；兩掌向前擠出；目視前方（圖2-14）。

11. **後坐屈肘**　重心後移，右腳尖翹起，上體微右

圖2-11

圖2-12

圖2-13

圖2-14

圖 2-15

圖 2-16

轉；右掌心向上屈肘畫弧於右肩前，左掌仍附於右腕內側，目視右掌（圖 2-15）。

12. 扣腳旋掌　上體左轉，右腳尖內扣落地，右掌平旋屈肘內收（圖 2-16）。

13. 丁步按掌　左腳收至右腳內側，成左丁步；右掌向右前方立掌按出，左掌心向裡，指尖附於右腕內側；目視右掌（圖 2-17）。

圖 2-17

【練習要點】

轉體、移重心帶動上肢動作協調一致。

【攻防含義】

若對方用右手按我左前臂時，我左臂收抱使其力量落

空，隨即將對方掤出；對方用左手按我右前臂時，我右臂收抱使其力量落空，隨即將對方掤出；對方用右手向我胸部擊來，我順勢右手粘其肘，左手粘其腕，向後方将其臂，使對方力分散而失去重心前撲，若其身向我接近，我隨勢橫右前臂（左手助力）緊緊挨擠對方身體，將其擠出。

三、左單鞭

1. 轉體上步　上體微左轉，左腳向左上步，腳跟著地；右掌變勾手，左掌向左畫弧至面前，掌心向裡（圖2-18）。

2. 弓步推掌　上體繼續左轉，重心前移成左弓步；左掌翻轉立掌前推，掌心向前，腕與肩同高；目視左掌（圖2-19）。

圖2-18　　　　　　　　圖2-19

【易犯錯誤】

轉體過多,身體與左臂成 90 度夾角。

【糾正方法】

身體與左臂之間的夾角要大於 90 度,這樣才能做到虛腋。

【攻防含義】

對方左手向我左側擊來,我則向左轉身上左步,左臂屈肘豎前臂向左格開其手臂,以掌按擊對方左肩或面部。

第8講

【學習內容】

太極拳競賽套路第一段（4～10動），共7個動作。即提手、白鶴亮翅、摟膝拗步、撇身捶、捋擠勢、進步搬攔捶、如封似閉。

【動作說明】

四、提手

1. 扣腳擺掌　重心移向右腿，上體右轉，左腳尖內扣；左掌向右平擺至胸前，右臂隨轉體側擺；目視左手（圖2-20）。

圖2-20

圖 2-21　　　　　　　　　　圖 2-22

2.轉體帶掌　重心移向左腿，右勾手變掌，兩掌稍向左平帶（圖 2-21）。

3.虛步舉掌　上體微右轉，右腳提起落地成右虛步；右掌成側立掌舉於體前，指尖同眉齊，左掌合於右肘內側，掌指均斜向上；目視右掌（圖 2-22）。

【易犯錯誤】

動作僵硬；虛步時，前膝太直，向後突臀、彎腰。

【糾正方法】

轉體時以身帶臂，動作要緩慢，柔和。虛步時前膝要微屈。斂臀坐胯，上體保持正直。

【攻防含義】

對方左手向我胸部擊來，我則以左掌粘接其手腕內側，右掌粘接其肘部，用兩手合力搋其臂，並向前上推

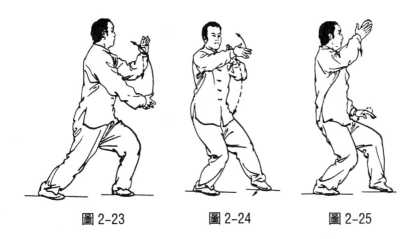

圖 2-23　　　　圖 2-24　　　　圖 2-25

送，挫其肩關節。

五、白鶴亮翅

1. **轉身抱球**　上體左轉，右腳稍後撤；兩手左下畫弧再翻轉抱於左胸前，左手在上，同胸高，右手同腹高；目視左掌（圖 2-23）。

2. **轉身舉掌**　重心移向右腿並屈膝，上體右轉；兩手邊合邊舉到右肩前；目視右手（圖 2-24）。

3. **虛步亮掌**　上體微左轉，左腳稍內收成左虛步；右掌舉至右額前，左掌按於左胯旁；目視前方（圖 2-25）。

【練習要點】

分手亮掌定勢與轉體同時完成。

【攻防含義】

對方從我左側，以右手推我肩部，我左轉化開，以左

圖 2-26

圖 2-27

手粘握其右前臂下採，右臂穿至右
腋下，右轉身向右上方挑臂，以挒
勁使對方向前傾跌。

六、摟膝拗步

1. 轉身落掌　上體微左微；右
手向左自頭前下落；目視右手（圖
2-26）。

2. 收腳舉掌　上體右轉；右手

圖 2-28

經下向後、向上畫弧擺舉至右前上
方，指尖與頭平，手心斜向上；左手向上、向右經面前畫
弧至右肋旁；左腳收至右腳內側；目視右手（圖 2-27）。

3. 上步收掌　上體左轉，左腳向左前上步；右手屈肘
收至耳旁；手心斜向前，左手向下畫弧至腹前；目視前方
（圖 2-28）。

4. 弓步推掌　重心前移成左弓步；右手立掌前推，指

尖與鼻平；左手由左膝前上摟過按於左胯旁；目視右掌
（圖 2-29）。

　　5. **轉體擺腳**　重心稍後移，左腳尖外擺，上體左轉；
兩手向左畫弧；目視右手（圖 2-30）。

　　6. **收腳舉掌**　左手舉至左前上方，指尖與頭平，掌心
斜向上；右腳收至左腳內側；目視左手（圖 2-31）。

　　7. **上步收掌**　同第 3 分動，唯左右相反（圖 2-32）。

圖 2-29

圖 2-30

圖 2-31

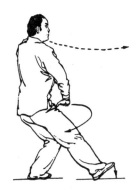

圖 2-32

8. 弓步推掌　同第3分動，唯左右相反（圖2-33）。

【易犯錯誤】

弓步推掌時下肢動作與上肢兩臂動作不協調。

【攻防含義】

對方用左手向我胸部擊來，我則以右臂向左掩肘擋壓其臂；對方又用腳踢我襠部，我以左手向左將其腳摟開，同時，上步進身以右掌擊其胸部，使之後跌。

圖2-33

七、撇身捶

1. 擺腳分掌　重心稍後移，右腳尖稍外擺，上體右轉；兩手隨轉體左右分展；目視左手（圖2-34）。

2. 收腳落拳　左腳收至右腳內側；左手握拳落於腹前；右手向上經體前附於左前臂內側；目視左前方（圖2-35）。

3. 上步舉拳　上體微左轉，左腳向左前上步；左臂屈肘左拳向上、向右拳於面前（圖2-36）。

4. 弓步撇拳　重心前移成左弓步；隨上體微左轉隨左拳翻轉向左

圖2-34

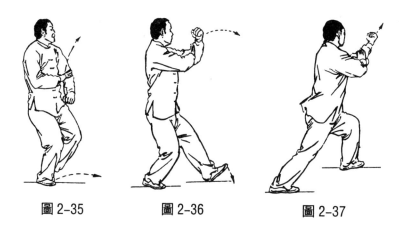

圖 2-35　　　　圖 2-36　　　　圖 2-37

前撇打；目視左拳（圖 2-37）。

【練習要點】

撇捶以肩關節為軸，臂微屈畫大弧撇拳打出；移重心成弓步與轉腰撇捶要協調一致。

【攻防含義】

對方用左手向我胸部或面部擊來，我則以右手向左格其臂；若對方再以右拳向我腹部擊來，我則以左手粘其肘部，右手粘其腕，向右後下方捋去使其前撲；若對方向後掙脫，我左臂屈肘向上、向前甩前臂，以拳背擊其面部，右手扶左臂以助力。

八、捋擠勢

1. 扣腳變掌　重心稍後移，左腳尖內扣，上體微右轉；左拳變掌前伸，右掌向右畫一平弧，隨收於前臂內側

圖 2-38

圖 2-39

（圖 2-38）。

2. 轉體抹掌　重心移向左腿，上體繼續右轉；右掌經左前臂上穿出向右前平抹，左掌收落於右肘內側下方；目視右掌（圖 2-39）。

3. 收腳後将　兩掌後将，左掌将至左胯旁，右掌将至腹前；右腳收至左腳內側；目視右前方（圖 2-40）。

4. 上步掤臂　右腳向右前上步；兩手翻轉，屈肘掤臂於胸前，右手心向裡；左手心向外，掌指附於右腕內側（·圖 2-41）。

圖 2-40

5. 弓步前擠　重心前移成右弓步；兩臂向前擠出，目視右前方（圖 2-42）。

以上是「右将擠勢」分解動作說明，「左将擠勢」各分動與之相同，唯左右動作相反。

6. 扣腳翻掌　重心後移，右腳尖內扣，上體微左轉；右掌前伸手心翻向上；左掌向左畫一小弧附於右前臂內側（圖 2-43）。

7. 轉身抹掌　同「2」，唯動作相反（圖 2-44）。

8. 收腳後捋　同「3」，唯動作相反（圖 2-45）。

9. 上步掤臂　同「4」，唯動作相反（圖 2-46）。

圖 2-41　　　　圖 2-42　　　　圖 2-43

圖 2-44　　　　圖 2-45　　　　圖 2-46

10. 弓步前擠　同「5」，唯動作相反（圖2-47）。

【攻防含義】

1. 對方用左手緊握我左手腕，我則左臂沉肘外旋後收，帶其近身；同時右掌順勢向右前橫砍其頸。

圖2-47

2. 對方用左手向我胸部擊來，我順勢以右手粘其臂，左手粘其腕向後下方捋其臂，使其撲倒。如對方後收，趁勢上步以右臂（左手助力）緊緊按擠對方身體並控制其臂，將對方發出。

九、進步搬攔捶

1. 後坐分掌　重心移向右腿並屈膝，左腳尖外擺；上體微左轉；兩手左下、右上畫弧分展；目視右手（圖2-48）。

圖2-48

2. 收腳握拳　重心移向左腿，右腳收於左腳內側；左掌經左向上屈肘收於胸前，掌心向下，右掌變拳向下畫弧收於腹前，拳心向下；目視前方（圖2-49）。

3. 上步搬拳　上體微右轉，右腳外擺向前上步；右拳經左臂內側翻轉向前搬出，拳心向上，與胸同高，左掌順勢按至左胯旁，目視右拳（圖2-50）。

4. 轉體擺掌　重心移向右腿，上體右轉；右拳向右，內旋屈肘收於體側，左掌經左向前畫弧擺至體前；目視左掌（圖 2-51）。

5. 上步攔掌　左腳向前上步；右拳收抱腰間，左手立掌攔於體前（圖 2-52）。

6. 弓步打拳　重心前移成左弓步；右拳向前打出，左掌收附於右前臂內側，目視右拳（圖 2-53）。

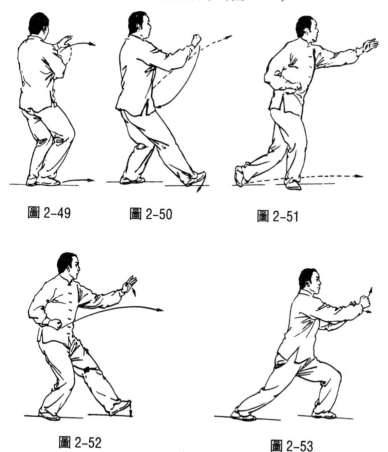

圖 2-49　　　圖 2-50　　　圖 2-51

圖 2-52　　　　圖 2-53

【練習要點】

搬攔捶需以肘關節為軸,前臂翻轉搬打與下肢動作協調配合。

【攻防含義】

1. 對方用手緊握我右手腕,我則身體後坐,右臂沉肘外旋後收,帶其近身;同時左掌順勢橫擊其面。

2. 對方左手擊我右胸時,我以右掌由上向下搬壓其臂;同時左臂屈肘握拳,以拳背擊其面部。

3. 對方左手擊我胸部時,我以右手向左攔擋其手臂,同時上步以左拳擊其肋部。

十、如封似閉

1. 穿手變掌　左掌從右前臂下穿出,右拳變掌,兩掌心向上(圖2-54)。

2. 後坐收掌　重心移向右腿並屈膝,左腳尖上翹;兩掌分開收至胸前,掌心斜相對(圖2-55)。

3. 翻掌下落　兩掌翻轉下落至腹前(圖2-56)。

4. 跟腳按掌　重心移至左腿並屈膝,右腳跟至左腳後,前腳掌著地;兩掌向前按出;目視兩掌方向(圖2-57)。

圖2-54

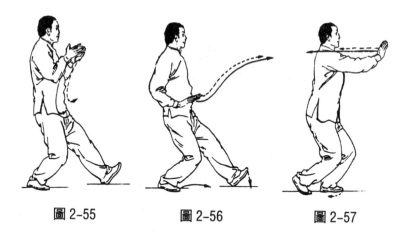

圖 2-55　　　　　　圖 2-56　　　　　　圖 2-57

【練習要點】

1. 後坐收掌時上體要保持正直，勿挺腹。

2. 跟腳按掌時上體仍需保持正直、斂臀，並使跟腳與按掌協調一致。

【攻防含義】

對方雙手向我胸部擊來，我則以兩掌向其兩臂間左右分開，上步進身，復向前還擊，推按其胸部。

第 **9** 講

【學習內容】

太極拳競賽套路第二段（11～18 動），共八個動作，即：開合手、右單鞭、肘底捶、轉身推掌、玉女穿梭、右左蹬腳、掩手肱捶、野馬分鬃。

【動作說明】

十一、開合手

1. 轉體開掌　以右腳掌、左腳跟為軸，依次向右碾轉，重心在右腿；隨之體右轉；兩掌心相對，指尖向上，屈肘收至胸前，與肩同寬；目視前方（圖 2–58）。

2. 提腳合掌　重心移向左腿，右腳跟提起；兩掌相合，與頭同寬；目視兩掌之間（圖 2–59）。

【練習要點】

做開合手時要與胸部的舒鬆和呼吸協調配合。

十二、右單鞭

1. 開步轉掌　上體稍右轉，右腳向右開一步；兩掌心轉向外；目視左掌（圖 2–60）。

圖 2-58

圖 2-59

圖 2-60

2. 弓步分掌　重心右移成右側弓步，上體微左轉；兩掌向左、右分展側舉；目視左掌（圖 2-61）。

【練習要點】

1. 分掌時兩掌要水平向左右分展，切勿高度不一，上體歪斜。

2. 移重心時，上體要平移，保持正直。

圖 2-61

十三、肘底捶

1. 扣腳掩掌　重心移向左腿，右腳尖內扣體稍左轉；右掌心翻向上，向左掩裹畫弧至右肩前，左掌向左下畫

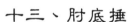

圖 2-62　　　　圖 2-63　　　　圖 2-64

弧；目視右掌（圖 2-62）。

　　2. 收腳抱球　上體右轉，左腳
收至右腳內側；右掌翻轉屈肘收至右
胸前，掌心向下，左掌向右畫弧於右
腹前，掌心向上，與右掌上下相對，
兩臂如「抱球」狀（圖 2-63）。

　　3. 擺步分掌　上體左轉，左腳
向左擺腳上步，腳跟著地；左掌向左
上分舉，右掌落至右胯旁；目視左掌
（圖 2-64）。

圖 2-65

　　4. 跟步擺掌　上體繼續左轉；重心移向左腳，右腳向
左腳後跟進半步，前腳掌著地；右掌向左、向上畫弧擺至
體前，掌心斜向上，左掌內旋向左、向下畫弧至體側（圖
2-65）。

　　5. 虛步握拳　右腳踏實，左腳向前進步成左虛步；左
掌收經腰際成側立掌再經右腕上向前劈出，右掌握拳收至

圖 2-66　　　　圖 2-67　　　　圖 2-68

左肘內側下方；目視左掌（圖 2-66）。

【練習要點】

左腿擺腳上步與左掌穿舉要協調一致。

【攻防含義】

對方左手向我胸（腹）部擊來時，我左轉以右手粘其臂順勢向左捋帶；同時上右步進身以肘頂或右肩臂靠擊對方。

十四、轉身推掌

1. 撤步舉掌　左腳撤至右腳後，腳前掌著地；右拳變掌前舉，掌心向上，左掌翻轉落至右胸前，掌心向下；目視右掌（圖 2-67）。

2. 轉體屈肘　以左腳掌、右腳跟為軸向左轉體；同時右臂屈肘舉掌，左掌稍下落（圖 2-68）。

3. 上步收掌　左腳向左前上步；右掌收至耳側，左掌

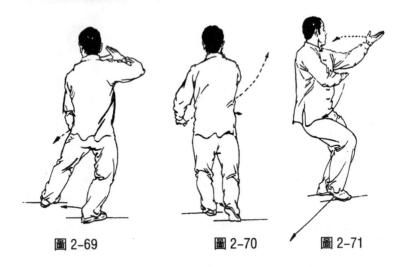

圖 2-69　　　　圖 2-70　　　　圖 2-71

向左畫弧至腹前（圖 2-69）。

　　4. 跟步推掌　右腳向左腳後跟進半步；腳掌著地，右掌順勢前推，左掌經左膝上摟按於左胯旁；目視右掌（圖 2-70）。

　　5. 轉身舉掌　以左腳跟、右腳掌為軸向右後轉體；左掌向斜上舉，掌心向上，右掌落於左胸前，掌心向下（圖 2-71）。

　　6. 上步收掌　動作同「3」，唯左右動作及方向相反（圖 2-72）。

　　7. 跟步推掌　動作同「4」，唯左右動作及方向相反（圖 2-73）。

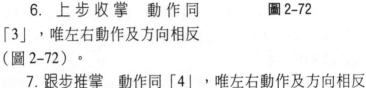

圖 2-72

圖 2-73　　　　　　　　　圖 2-74

【攻防含義】

對方用手或右腳向我左肋或腰部擊來，我則向左轉身以左手由右向左摟開其手臂（或腳），上左步，以右掌擊其胸部。

十五、玉女穿梭

1. **轉體伸掌**　上體右轉，左腳向左撤步；左掌擺至右胸前，右掌經左前臂上前伸提至體前；目視右掌（圖 2-74）。

圖 2-75

2. **收腳下捋**　右腳收至左腳內側；兩掌後捋，左掌至左胯旁，右掌至腹前；目視兩掌（圖 2-75）。

3. **上步掤臂**　右腳向右前上步；兩掌相合掤臂於胸前，右掌心向內，左掌心向外，掌指附於右腕內側；目視

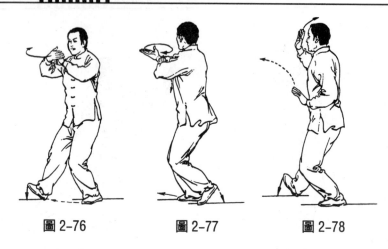

圖2-76　　　　　　圖2-77　　　　　　圖2-78

右掌（圖2-76）。

4.跟步擺掌　左腳向右腳後跟半步，上體右轉；右掌向右畫弧平擺，掌心向上，左掌仍附右腕內側（圖2-77）。

5.上步收掌　左腳踏實，重心移至左腿，上體左轉，右腳向右前上步；右掌屈肘向右畫平弧旋腕收至右肩前上方，掌心斜向上，左掌收至腰間；目視前方（圖2-78）。

6.弓步架推　重心前移成右弓步，上體右轉；右掌上架於右額前上方，掌心斜向上，左掌前推，掌心向前，指尖與鼻高；目視左掌（圖2-79）。

7.扣腳落掌　重心移向左腿，右腳尖抬起內扣，上體微左轉；右掌落於體前，掌心向上腕與肩平；左掌向右畫弧收於右肘內側，掌心向下；目視右掌（圖2-80）。

8.轉體抹掌　重心移向右腿，上體繼續左轉；左掌經右前臂上穿出向左抹掌，右掌收至左肘內側下方，掌心向上（圖2-81）。

圖 2-79 　　圖 2-80 　　　圖 2-81

9. 收腳下捋　動作同「2」，唯左右方向相反（圖 2-82）。

10. 上步掤臂　動作同「3」，唯左右方向相反（圖 2-83）。

11. 跟步擺掌　動作同「4」，唯左右方向相反（圖 2-84）。

圖 2-82 　　　圖 2-83 　　　　圖 2-84

圖 2-85   圖 2-86

12. 上步收掌　動作同「5」，唯左右方向相反（圖2-85）。

13. 弓步架推　動作同「6」，唯左右方向相反（圖2-86）。

【練習要點】

腰部左、右轉動要緩慢、勻速，並帶動上肢動作協調一致。「玉女穿梭」上肢動作採用的是孫式拳的上步必跟的步法；定勢動作採用楊式拳的弓步架推的拳架。

【攻防含義】

1. 對方用右手向我胸（腹）部擊來，我以右手粘握其腕，左手粘採其肘彎部，向右後方将帶其臂。

2. 對方用右手向我頭部擊來，我先以左臂屈肘向上向左掛帶其臂，然後翻掌架按其手臂；同時進步以右掌推擊對方胸部。

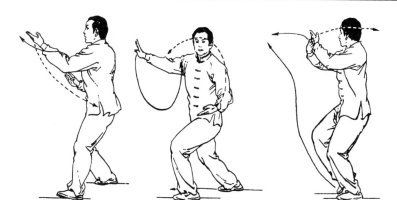

圖 2-87　　　　圖 2-88　　　　圖 2-89

十六、左右蹬腳

1. 扣腳落掌　重心移向右腿，左腳尖內扣，上體右轉；左掌翻轉落於體前，掌心向上，與肩平，右掌向左畫弧後收於左肘內側，目視左掌（圖2-87）。

2. 轉體分掌　重心移向左腿，上體左轉，右掌經左前臂上穿出，左、右掌分別向左下、右上分展；頭隨體轉，目環視兩手（圖2-88）。

圖 2-90

3. 收腳合掌　上體右轉，右腳收至左腳內側，兩掌左上、右下畫弧至胸前交叉合抱；目視右前方（圖2-89）。

4. 蹬腳分掌　左腿微屈站穩，右腿提膝後向右前方勾腳尖蹬出；同時兩掌分別右前方和左方畫弧分舉，兩肘微屈，右臂與右腿上下相對；目視右掌（圖2-90）。

圖 2-91

圖 2-92

5. 落腳轉掌　右腿屈收，向右前方落腳；右掌心轉向上，左掌經腰間伸至右肘內側；目視右掌（圖2-91）。

6. 轉體分掌　動作同「2」，唯左右方向相反（圖2-92）。

7. 收腳合掌　動作同「3」，唯左右方向相反（圖2-93）。

8. 蹬腳分掌　動作同「4」，唯左右方向相反，此為左蹬腳（圖2-94）。

圖 2-93

【易犯錯誤】

蹬腳與同側手臂方向不一致，造成重心不穩。

【糾正方法】

此勢要求肩與胯合，肘與膝合、手與腳合，這樣六節

圖 2-94　　　　圖 2-95　　　　圖 2-96

相對，手與蹬腳的方向就能一致，亦能站得穩了。

【攻防含義】

1. 對方先用左手向我胸部擊來，我以右手由左粘其臂向右後捋帶；對方用右手向我胸部擊來，則我又以左手臂由左向右攔截其臂，隨即用右手橫掌砍其頸部。

2. 對方用右腳踢我腹部，我則以左轉身並以右臂由上向下、向左掛開其腿，隨之以右掌擊其面或胸部，並起腳蹬對方腹部或肋部。

十七、掩手肱捶

1. 落腳掩掌　左腿屈膝，左腳落至右腳內側；兩掌掩合於面前；目視兩掌（圖 2-95）。

2. 開步落掌　左腳跟擦地向左開步，上體微右轉；兩掌翻轉下落，左上、右下交叉相疊按於腹前；目視兩掌（圖 2-96）。

圖 2-97

圖 2-98

3. 馬步分掌　重心移至兩腳之間，兩掌分展側舉，掌心均向外；目視左前方（圖2-97）。

4. 轉體合肘　重心右移，上體稍右轉；兩臂外旋合肘，左掌擺至體前與肩平，右掌變拳收合於胸前，拳心向上；目視左掌（圖2-98）。

圖 2-99

5. 弓步沖拳　上體左轉，重心移向左腿成左弓步；同時右拳內旋向前沖出，左掌後收，掌心貼於左腹部；目視右拳（圖2-99）。

【練習要點】

轉身合肘為蓄勁；弓步沖拳為發勁。勁要鬆彈。

十八、野馬分鬃

1. **轉體捋掌**　上體左轉，右拳變掌向下、向左捋至腹前；左掌以拇指為軸，四指順時針轉動（圖2-100）。

2. **轉體掤臂**　重心移向右腿，上體右轉；右臂屈肘內旋上掤，右掌至右肩前，左掌向上以掌指背貼於右前臂外側（圖2-101）。

圖2-100

3. **轉體橫掌**　重心移向左腿，上體左轉呈「弓步」狀；同時以腰腹發力使兩掌向左橫捌於腹前，掌心向外；目視兩掌（圖2-102）。

4. **轉腰旋掌**　重心稍右移再左移；同時腰稍右轉再回轉；兩掌自右向上、向左畫弧成俯掌，左前、右後置於腹前（圖2-103）。

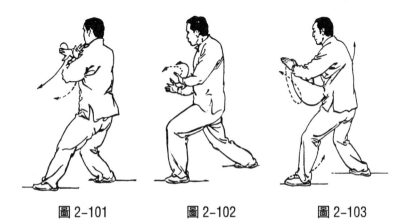

圖2-101　　　　圖2-102　　　　圖2-103

5. 提膝托掌　重心後移，左腿提膝；左掌畫弧翻掌心向上托於左膝上方，右掌向下畫弧後屈肘橫舉於體右側（圖 2-104）。

6. 弓步穿掌　左腳向前落步成左弓步；左掌向前穿靠，右掌側舉，兩腕均與肩平；目視左掌（圖 2-105）。

7. 擺腳翻掌　重心稍後移，左腳尖外擺，上體微左轉；左掌心翻轉朝外；目視左掌（圖 2-106）。

8. 提膝托掌　動作同「5」，唯左右勢相反（圖 2-107）。

9. 弓步穿掌　動作同「6」，唯左右勢相反（圖 2-108）。

【攻防含義】

對方用左手向我左胸部擊來，我則左轉身閃過其手，以左手刁其腕；同時右腳向其身後上步，我以右手臂經其腋下，穿至胸前向右上方靠擊對方。

圖 2-104

圖 2-105

圖 2-106

圖 2-107   圖 2-108

第 **10** 講

【學習內容】

太極拳競賽套路第三段（19～29 動），共十一個動作。即雲手、獨立打虎、右分腳、雙峰貫耳、左分腳、轉身拍腳、進步栽捶、斜飛勢、單鞭下勢、金雞獨立、退步穿掌。

【動作說明】

十九、雲手

1. 扣腳擺掌　重心移向左腿，右腳尖內扣，上體左轉；右前臂內旋，右掌翹腕擺至右肩前；左掌微向左撐，掌心向左；目視右掌（圖 2–109）。

2. 轉體翻掌　重心移向右腿，體右轉；右掌翻轉；掌心向外，橫掌右擺，左掌向下經腹前向右畫弧，掌心向上；目視右掌（圖 2–110）。

3. 轉體雲掌　重心移向左腿，上體左轉，兩掌左上、右下向左畫弧雲轉；目隨左掌（圖 2–111）。

4. 收腳翻掌　上體繼續左轉，右腳收至左腳內側落地（相距 10–20 公分）；兩掌雲至體左側，左掌心翻向外，右掌雲至左肘內側，掌心向內；目視左掌（圖 2–112）。

圖 2-109　　　　　　　　　圖 2-110

圖 2-111　　　　　　　　　圖 2-112

第一個雲手定勢。

　　5. 轉體雲掌　重心右移，上體右轉；兩掌右上、左下向右畫弧雲轉；目視右掌（圖 2-113）。

　　6. 開步翻掌　上體繼續右轉，左腳向左開步；兩掌雲至體右側，右掌心轉向外，左掌雲至右肘內側，掌心轉向內；目視右掌（圖 2-114）。

圖 2-113

圖 2-114

圖 2-115

圖 2-116

7. 轉體雲掌　動作同「3」（圖 2-115）。

8. 收腳翻掌　動作同「4」（圖 2-116）。第二個雲手定勢。

9. 轉體雲掌　動作同「5」（圖 2-117）。

10. 開步翻掌　動作同「6」（圖 2-118）。

11. 轉體雲掌　動作同「7」（圖 2-119）。

圖 2-117

圖 2-118

圖 2-119

圖 2-120

12. 收腳翻掌　動作同「8」，唯收右腳後腳尖內扣落地（圖 2-120）。

【易犯錯誤】

兩臂畫弧雲掌不協調；開左腳向左雲掌的順向運行。

【糾正方法】

先練兩臂動作，兩手依次向下、向內逆時針畫圓；繼而練手、腳配合，右手在右前上方時開左腳；左手在右前上方時收右腳。

【攻防含義】

對方右手向我胸部擊來，我以右前臂滾擋其臂並趁勢以右掌按擊對方右肩背；若對方用右手向我面部擊來，我則以右手粘刁其腕向右後方捋帶，左手按擊其右肩背使對方失去重心。

二十、獨立打虎

1. 撤步穿掌　重心移向右腿，左腳後撤一步；左掌心轉向上收於腹前，右掌心翻向下經左前臂上穿至體前，腕高同肩平；目視右掌（圖 2–121）。

2. 轉體扣腳　重心移向左腿，上體左轉，右腳尖內扣；兩掌隨轉體向左畫弧（圖 2–122）。

3. 提膝握拳　兩掌逐漸握拳，左拳經體側屈臂上舉，右拳屈肘收於左胸前；右腿提膝，腳尖上翹並內扣；目視右前方（圖 2–123）。

圖 2–121

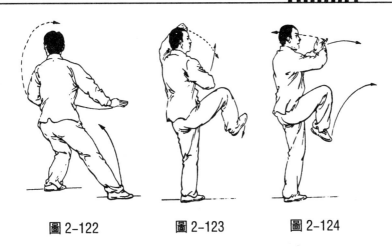

圖 2-122　　　圖 2-123　　　圖 2-124

【練習要點】

此勢為平衡動作。獨立要穩，提膝的腳要內扣並上翹。

二十一、右分腳

1. 垂腳抱掌　上體微右轉，右腳尖下垂；兩拳變掌相交（右手在外）抱於胸前；目視右前方（圖2-124）。

圖 2-125

2. 分腳分掌　右腳面展平向右前上方分出；兩掌側前分展撐舉；目視右掌（圖 2-125）。

【練習要點】

分腳是一種腿法。如參加比賽，分腳的高度不得低於腰部。

【攻防含義】

1. 對方用右腳從我右身後向我腰部踢來，我則向右後轉身，收右腳閃開；同時以右手臂由上而下、向左掛開其腳。

2. 若對方從我右側用右手擊我頭部，我則以右臂向右上擋握其臂腕；同時起右腳以腳尖點其右脇或向右擺腿橫踢其後腰。

3. 若對方用右手抓握我右手腕，我右臂向下、向後抽拉；同時以左手沿右臂上方順勢撲擊對方面部。

二十二、雙峰貫耳

1. 屈膝落掌　右腿屈膝，腳尖下垂；兩掌經面前落於右膝上方；目視前方（圖 2-126）。

2. 落腳收拳　右腳向前落步；兩掌變拳收於腰間（圖 2-127）。

3. 弓步貫拳　重心前移成右弓步；兩拳經兩側向前上

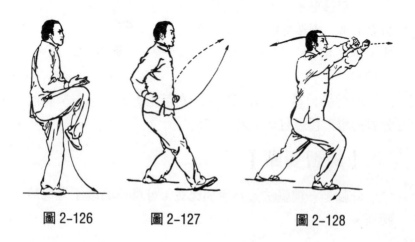

圖 2-126　　　　圖 2-127　　　　圖 2-128

方摜打，拳眼斜相對；目視前方（圖 2-128）。

【攻防含義】

對方迎面用雙手將抱我腰時，我則兩手由上向下經其兩臂間分別向左右分撥其手臂，同時右腿提膝頂其襠（或腹部）；當對方收腹後撤時，我落腳進步兩手變拳貫擊對方雙耳或太陽穴部位。

二十三、左分腳

1. 轉體分掌　重心移向左腿，右腳尖外擺，體右轉；兩拳變掌左、右分展側舉；目視左掌（圖 2-129）。

2. 收腳抱掌　左腳收於右腳內側，上體微左轉；兩掌向下經腹前相交（左手在外）抱於胸前；目視左方（圖 2-130）。

3. 分腳分掌　左腳提膝，腳面展平向左前方踢出；兩掌向側方分展撐舉；目視左掌（圖 2-131）。

圖 2-129

圖 2-130

圖2-131

圖2-132

二十四、轉身拍腳

1. 轉身落腳　左腿屈收，以右腳掌為軸右後轉體，左腳內扣落步；兩掌向腹前下落，掌心斜相對（圖2-132）。

2. 轉體抱掌　重心移向左腿，上體繼續右轉，右腳跟抬起；兩掌交叉抱於胸前，右掌在外；目視右前方（圖2-133）。

3. 拍腳舉掌　右腳面展平向上踢擺；右掌擊拍右腳面，左掌側舉；目視右掌（圖2-134）。

二十五、進步栽捶

1. 落腳轉體　右腳外擺向前落步，重心前移，上體右轉；左掌屈臂右擺，右掌翻轉掌心向上落於腰間（圖2-135）。

2. 上步提拳　左腳向左上步，上體微左轉；左掌向下

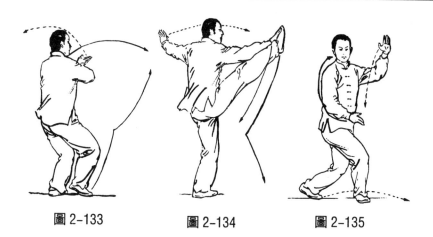

圖 2-133　　　　圖 2-134　　　　圖 2-135

畫弧落於腹前；右掌向右、向上握拳提於右耳側；目視前
下方（圖 2-136）。

　　3. 弓步栽捶　　上體微左轉，重心前移成左弓步；右拳
向前下打出，與腹同高，左掌摟膝後按於胯旁；目視右拳
（圖 2-137）。

圖 2-136

圖 2-137

【易犯錯誤】

栽捶屈腕直下栽。

【糾正方法】

要使拳背和前臂成一線。

【攻防含義】

1. 對方用左手向我腹部擊來，我以左手粘其腕，右手粘其肘，雙手向後下方将其臂；如對方後撤挣脫，我進步貼其身以右臂掤擠對方。

2. 若對方用左腳踢我右肋，我以右手向右摟開其腿，並上步以左拳擊其小腹。

二十六、斜飛勢

1. 轉身分掌　重心稍後移，上體左轉，左腳外擺；右拳變掌，兩掌左、右分展（圖2-138）。

2. 收腳合臂　右腳收於左腳內側；兩掌左上、右下兩臂屈肘合於胸前，左掌置於右肩前，右掌置於左腹前；目視左前方（圖2-139）。

3. 轉身上步　上體微右轉，右腳向右上步；目視左掌（圖2-140）。

4. 弓步分掌　上體左轉成右弓步；兩掌分別向右前上方和左前下方分掌撐開，右掌略高於頭，掌心斜向

圖2-138

圖 2-139

圖 2-140

圖 2-141

圖 2-142

上,左掌同胯高,掌心斜向下;目視左掌(圖 2-141)。

二十七、單鞭下勢

1. 勾手擺掌　重心移向左腿,上體左轉;左掌變勾手側前舉,右掌經面前擺至左肘內側;目隨視右掌(圖 2-142)。

2. 仆步穿掌　上體右轉成右仆步；右掌經腹前貼右腿內側向右穿出；目視右掌（圖2-143）。

圖2-143

【練習要點】

仆步時上體保持正直，勿前傾、突臀。

二十八、金雞獨立

1. 弓步挑掌　左腿蹬直，右腿屈弓；右掌上挑至體前，腕與肩高，左臂內旋落至身後，勾尖向上；目視右掌（圖2-144）。

2. 獨立挑掌（右）　重心前移，上體右轉；右腿伸直獨立，左腿屈膝提起；左勾手變掌經體側向前挑起，成側立掌，腕同肩高；右掌翻轉按於右胯旁；目視左掌（圖2-145）。

圖2-144

圖2-145

3. 獨立挑掌（左）　右腿稍屈，左腳落於右腳內側後方；重心後移，上體左轉，左腿伸直獨立，右腿屈膝提起；右掌上挑於體前，成側立掌，腕同肩高，左掌翻轉按於左胯旁；目視右掌（圖 2-146）。

【練習要點】

獨立時要做到肩與胯、胯與膝、手與腳相應、相合。

二十九、退步穿掌

右腳向後落步成左弓步；左掌掌心翻向上，經腰間、右前臂上穿出，腕與肩平；右掌橫掌下按至左肘下；目視左掌（圖 2-147）。

【攻防含義】

對方用手向我胸部擊來，我則右腳後撤，以右手向下按壓其手臂，以左掌經右掌上方穿擊對方喉嚨。

圖 2-146　　　　　　　圖 2-147

【學習內容】

太極拳競賽套路第四段（30～42動），共十三個動作，即虛步壓掌、獨立上托、馬步靠、轉身大捋、歇步擒打、穿掌下勢、上步七星、退步跨虎、轉身擺蓮、彎弓射虎、左攬雀尾、十字手及收勢。

【動作説明】

三十、虛步壓掌

1. 轉身舉掌　重心移向右腿，左腳尖內扣，身體右後轉；右掌畫弧帶至腹前，左掌舉於左額側上方；目隨轉體平視（圖2-148）。

2. 虛步壓掌　重心移至左腿，身體右轉並稍前傾，右腳提起落地成右虛步；左掌由上而下橫按壓於右膝前上方，右掌摟按於右胯旁；目視前下方（圖2-149）。

【攻防含義】

對方由後用左腳向我腰部踢來，我向右後轉身，以右臂摟開其腿。對方又用手向我胸部擊來，我則以左掌由上向下按壓其手臂。

圖 2-148

圖 2-149

三十一、獨立上托

左腿伸起，右腿屈膝提起成左獨立步；右掌翻轉上托，腕與肩高；左掌向左、向上撐舉於體側，腕同肩高；目視右掌（圖2-150）。

【攻防含義】

對方用左手向我胸部擊來，

圖 2-150

我則以左手由下向上向左刁其腕，並以右手由下向上托其肘，兩手向左後捋帶，使其前撲，趁勢提右膝頂對方左腰或肋部。

三十二、馬步靠

1. 落腳翻掌　右腳外擺前落；上體右轉；右掌翻轉下

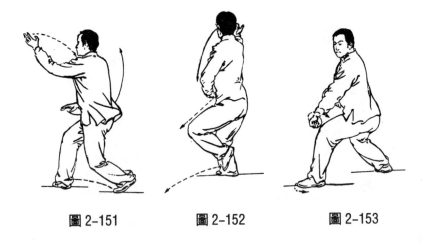

圖2-151　　　　　　圖2-152　　　　　　圖2-153

捋於胯旁，左掌心翻向上，平擺於面前（圖2-151）。

2. 收腳舉掌　左腳收於右腳內側，上體繼續右轉，右掌心翻向上，舉至體側；左掌握拳落於右腹前，拳心向下；目視右掌（圖2-152）。

3. 馬步靠　上體稍左轉，左腳向左前方上步，重心略向前移，沉胯成半馬步；左臂內旋屈肘，前臂立起向左撐靠，拳眼對膝；右掌經耳側推附於左前臂內側；目視左前方（圖2-153）。

【練習要點】

半馬步重心偏於右腿；上體仍保持正直。

【攻防含義】

對方用右手向我胸擊出來，我則以右手由上、向下粘握其腕，並以左手由下、向上托其肘，以上下合力搣其臂。若其掙脫，我則上左步靠其身，以左肘頂擊對方右肋。

三十三、轉身大将

1. 擺腳旋掌　重心移向右腿，左腳翹起外擺；左拳變掌，兩掌心翻向外並微後收帶；目視兩掌（圖2-154）。

2. 收腳托掌　上體左轉，重心移向左腿，右腳收於左腳內側，兩腳平行站立，重心偏左；左掌翻轉橫掌提至右胸前，掌心向外，右掌托舉於身體右側，掌心向上；目視右掌（圖2-155）。

3. 撤步平将　以右腳前掌為軸，身體左轉，左腳後撤一步，右腿屈弓；兩掌隨轉體向左平将至體前，右腕略高於肩，左掌置於右肘內側，兩掌心斜相對；目視右掌（圖2-156）。

圖2-154

圖2-155

圖2-156

4. 弓步滾肘　上體繼續左轉，以左、右腳前掌為軸，依次向左碾轉，重心移向左腿成側弓步；兩掌向左平捋後握拳，左拳收於腰間，右拳屈肘滾壓至胸前；目視右拳（圖2-157）。

圖 2-157

【練習要點】

移重心成側弓步與右臂屈肘滾壓要協調一致。

【攻防含義】

對方用左手向我胸擊來，我左腳後撤，以右手向下按壓其手臂。

三十四、歇步擒打

1. 撐臂穿拳　重心移向右腿，右臂內旋屈肘上撐，右拳置於右額前，拳心向外，左拳向左後方突出，拳心向後；目視左前方（圖2-158）。

2. 轉體收拳　上體左轉，左腳尖外展，重心前移，右拳收於腰間，左拳變掌向前畫弧，掌心轉向右；目視左掌（圖2-159）。

圖 2-158

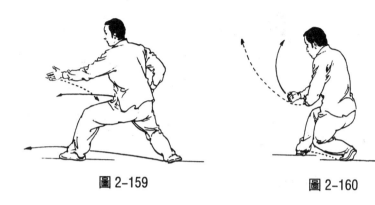

圖 2-159　　　　　　　　　　　圖 2-160

3. 歇步打拳　右腳向前蓋步橫落，兩腿交叉屈蹲成歇步；左掌握拳屈肘橫收於腹前，右拳經左臂上向前下打出，與腹同高，拳心向上；目視右拳（圖 2-160）。

【攻防含義】

對方用右手向我胸部擊來，我左手向下扣壓其腕；同時以右拳擊對方腹部。

三十五、穿掌下勢

1. 收腳舉掌　身體升起，上體右轉，左腳收至右腳內側；兩拳變掌，掌心翻向外，右掌提於胸前，左掌舉於左前方，腕與肩平；目視左掌（圖 2-161）。

2. 屈蹲擺掌　上體右轉，右腿屈蹲，左腿向左伸出；兩掌經面前向右擺至右前方，掌心均

圖 2-161

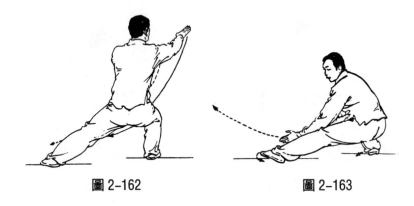

圖 2-162   圖 2-163

斜向下，右腕高於肩，左掌置於右肩前；目視右掌（圖2-162）。

3. 仆步穿掌　右腿全蹲成仆步，上體左轉；兩掌以指尖領先，向下、向左轉擺，經腹前順左腿內側穿出，左掌在前，掌心向右，右掌在後，掌心向左（圖2-163）。

【練習要點】

仆步時保持立腰，虛領頂勁，上體正直，不要過於前傾。

【攻防含義】

對方用左手向我面部擊來，我以右手刁握其腕向右上方將帶，趁勢上左步進身，以左臂穿擊對方襠部。

三十六、上步七星

1. 弓步挑掌　重心前移成左弓步；左掌向前、向上挑起，腕與肩同高，指尖斜向上，右掌微向後拉，置於右胯

圖 2-164

圖 2-165

旁；目視左掌（圖 2-164）。

2. 虛步架拳　右腳上步成右虛步；兩掌握拳，右拳向前，兩拳交叉於胸前，拳背相對；目視右拳（圖 2-165）。

【攻防含義】

對方用右手向我面部擊來，我以兩前臂交叉成十字形架其臂；同時上右腳踢其脛骨或襠部。

三十七、退步跨虎

1. 轉體擺掌　右腳撤步，重心後移，上體右轉；兩拳變掌，左掌邊伸邊向右擺，手心向裡，右掌向右、向下畫弧至胯旁（圖 2-166）。

2. 轉體落掌　上體左轉，左腳稍後收，腳前掌落地，兩腿略屈蹲；右掌向上、向左經頭前向下落於左大

圖 2-166

圖 2-167

圖 2-168

腿外側，掌心向外，左掌向下經腹前收按於胯側；目隨視右掌（圖2-167）。

3. 獨立挑掌　右腿伸起獨立，左腿屈膝前舉，腳面展平；腳尖稍內扣；右掌向右前上挑掌，腕與肩平，左掌變勾，上提側舉，稍高於肩；目先隨右掌，當立掌時，再看左前方（圖2-168）。

【練習要點】

右掌沿左大腿外側，向右前上方挑掌與左腿屈膝前舉要協調一致。

【攻防含義】

1. 對方用右手向我胸部擊來，我以左臂屈肘向右格擋其手臂。

2. 對方用左手向我胸部擊來，我以右臂屈肘向左格擋其手臂，隨即以右手背由下向前撩其下頦，同時以左腳撩

踢對方襠部。

三十八、轉身擺蓮

1. **轉體落腳**　身體右轉，左腳下落扣步；右掌心翻向下屈肘右帶，左勾手變掌隨體轉向右平擺，掌心向上；目隨視右掌方向（圖 2–169）。

2. **轉體穿掌**　以兩腳前掌為軸，向右後轉體；左掌平擺至體前，掌心向上，右掌心翻向上經左肘下穿出；目視右掌（圖 2–170）。

3. **轉體翻掌**　身體繼續右轉，重心移向左腿，呈右虛步狀；右掌穿出後，兩掌翻轉隨體轉右擺，右掌置於體右側，腕與肩平，左掌置於右肩下，兩掌心均向右，指尖向上；目視右掌（圖 2–171）。

4. **擺腿拍腳**　上體左轉，右腳向左、向上、向右外擺；在面前，左、右手依次擊拍右腳面；目視兩掌（圖 2–172）。

圖 2–169　　　　　圖 2–170　　　　　圖 2–171

圖 2-172

圖 2-173

【練習要點】

擺腿與拍腳的方向左右相對。拍腳時手平擺，上體微前傾。

【攻防含義】

1. 對方用左手推我右肩背，我落腳向右後轉身，右臂屈肘，隨身右帶化開其手。

2. 對方以右手向我胸部擊來，我則以左臂向右掩擋其手臂，同時右手臂從其臂下向上穿出，內旋向右滾帶，破其重心並趁勢起右腿橫踢其腰部。

三十九、彎弓射虎

1. 獨立擺掌　右腿屈膝提起，上體左轉；兩掌繼續左擺，左掌置於體左側，腕與肩平，右掌置於左肩下，兩掌心均向下；目視左掌（圖 2-173）。

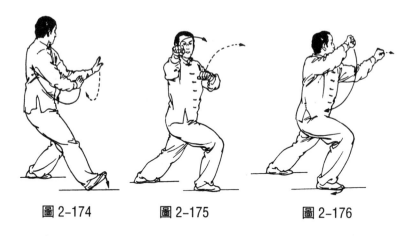

圖 2-174　　　　圖 2-175　　　　圖 2-176

2. 落步落掌　右腳向右前落步，上體右轉；兩掌下落至體前，掌心均向下；目視兩掌（圖 2-174）。

3. 轉體握拳　重心移向右腿，上體左轉；兩掌向下、向右畫弧至體右側時握拳，右拳平舉，左拳置於右胸前，拳心向下；目視右拳（圖 2-175）。

4. 弓步打拳　上體左轉成右弓步；左拳經面前向左前打出，拳眼斜向下；右拳屈臂舉於右額前；目視左拳（圖 2-176）。

【攻防含義】

對方用右手向我胸部擊來，我以右手刁其腕，左手粘其肘向右捋帶，隨即右手上提，鬆開左手變拳擊對方右肋部。

四十、左攬雀尾

1. 轉體展掌　重心移向左腿，右腳尖外擺翹起，上體右轉；兩拳變掌，左掌向左伸展，右掌翻轉經體前落於右

腹前，掌心向上（圖2-177）。

　　2. 收腳抱球　重心移向右腿，左腳收至右腳內側；兩掌左下、右上在胸前合抱；目視右掌（圖2-178）。

　　3. 上步分掌　上體微左轉，左腳向左前上步，腳跟著地；兩掌微分；目視前方（圖2-179）。

　　4. 弓步掤臂　重心前移成左弓步；左前臂向前掤出，右掌按於右胯旁；目視左掌（圖2-180）。

圖 2-177

圖 2-178

圖 2-179

圖 2-180

5. 轉體伸掌　上體微左轉，左掌稍前伸，掌心向下，右掌心翻向上，伸至左前臂內側下方；目視左掌（圖2-181）。

6. 轉體下捋　重心移向右腿，上體右轉；兩掌下捋至腹前後向右擺舉，右掌心斜向前，腕與肩平，左掌至右胸前，掌心向內；目視右掌（圖2-182）。

圖2-181

7. 轉體屈臂　上體左轉；左掌屈肘橫於胸前，掌心向內，右臂屈肘，掌指貼近左腕內側；目視前方（圖2-183）。

8. 弓步前擠　重心前移成左弓步；兩臂向前擠出，右掌指附於左腕內側，高與肩平，兩臂撐圓；目視前臂（圖2-184）。

圖2-182

圖2-183

圖 2-184   圖 2-185

9. 翻掌前伸　右掌經左掌上伸出，兩掌分開與肩寬，掌心均向下；目視前方（圖 2-185）。

10. 坐身收掌　身體重心後坐，左腳尖上翹；兩掌收經胸前下落至腹前；目視前方（圖 2-186）。

11. 弓步按掌　重心前移成左弓步；兩掌平行向上、向前按出，腕與肩平；目視前方（圖 2-187）。

圖 2-186

圖 2-187

此動與簡化太極拳「攬雀尾」做法相同。

【攻防含義】

1. 對方用右手按我左前臂時，我左臂收抱使其力量落空，隨即將對方掤出。

2. 對方用右手向我胸部擊來，我順勢左手粘其肘，右手粘其腕，向後下方将其臂，使對方力分散而失去重心前撲，若其身向我接近，我隨勢橫左前臂（右手助力）緊緊挨擠對方身體，將其擠出。

3. 對方逼近我身體，用兩手臂擠我胸部時，我則含胸坐身，以雙手按其手臂，使其力量失控，我順勢進身向前上方用力將對方發出。

四十一、十字手

1. **轉體扣腳**　重心逐漸移向右腿，身體右轉，左腳尖內扣；右掌向右擺至面前，左掌隨轉體稍右帶；目視右掌（圖 2-188）。

2. **轉體分掌**　右腳尖繼續外擺，上體繼續右轉，重心繼續移向右腿並屈膝成右側弓步；右臂擺至體側，兩掌左、右分舉，掌心均向前；目視右掌（圖 2-189）。

3. **轉體抱掌**　重心左移，右腳尖內扣，上體左轉；兩掌向下、向內畫弧於腹前兩腕相

圖 2-188

圖 2-189

圖 2-190

交，兩掌合抱舉至胸前，右掌在外，掌心均向內；目視兩掌（圖 2-190）。

4. 收腳開立　右腳向內收，兩腳與肩同寬，腳尖向前成開立步；隨即上體轉正，兩腿慢慢直立；兩掌交叉成斜十字形抱於體前，掌心向內，高與肩平；目視兩掌（圖 2-191）。

圖 2-191

【攻防含義】

1. 對手由後用手向我背或左肩擊來，我左轉身以左臂擋開其手臂，進身以左掌擊其胸或面部。

2. 兩手在胸前交叉，伺機而動，應付各個方向的進招。

四十二、收勢

1. 翻掌分手　兩前臂內旋，兩掌邊翻轉，邊平行分

開，與肩同寬，掌心向前下方；目視前方（圖 2-192）。

2. 兩掌下落　兩掌慢慢下落至兩腿外側，鬆肩垂臂，上體自然正直；目視前方（圖 2-193）。

3. 收腳併步　左腳收至右腳旁，兩腳併攏，腳尖向前，身體自然直立；呼吸平穩均勻；目視前方（圖 2-194）。

圖 2-192

圖 2-193

圖 2-194

第12講

【學習內容】

這是本套路教學的最後一次課。經由前五講，整個套路動作基本學完。這次課主要任務是將本套路進行總復習。

分段復習。

第一段

1. 起勢——如封似閉，共 10 個動作。

2. 重點動作講解

「捋擠勢」此勢，當重心後移，前腳尖翹起內扣時，後手要畫一小平弧，隨即收於前臂內側，然後再弓步擦掌。上步掤臂至弓步擠定勢，方向線與套路方向線成 45 度夾角，翹腳內扣，腳尖方向與套路方向線是一致的。如圖所示：

第二段

1. 合開手——野馬分鬃，共 8 個動作。

2. 重點動作講解

「開合手」 開手時，要做到開中寓合，就是掌心先相對，而後再轉體左、右拉開，胸廓自然舒張，為吸氣。合手時，做到合中寓開，就是在兩手相合時，要虛腋，不要挾腋，為呼氣。

「玉女穿梭」 動作運轉時，要以腰帶動四肢，胯要鬆沉，不要起伏；上步時，不要背身起胯。

「掩手肱捶」 做馬步分掌時，身體不要起伏；轉體合肘時，腰、臂要旋上勁，兩臂要有前、後對拉的勁。弓步發拳時，不要過分轉腰順肩、直臂，要以腰發力，全身應有含蓄鬆彈勁，出拳要滾旋直打，不要自下向上撩打。

第三段

1. 雲手——退步穿掌，共 11 個動作。

2. 重點動作講解

「金雞獨立」 要體現四肢上下、左右動作協調配合。腳隨手起，手隨腳落，相吸相繫的技術特點。

第四段

1. 虛步壓掌——收勢，共 13 個動作。

2. 重點動作講解

「歇步擒打」 撐臂穿拳借用的是形意拳的勁法，渾身要有向外的膨脹勁。拳諺中「望眉展甲，翻肩臂」就是身法運用中一種向外的張力。十二形中，雞、鷂、燕形都有這種勁法。

「退步跨虎」 獨立挑掌時，眼隨右掌，當慢慢立掌

時，再緩緩向左前看。

最後，請按照動作路線示意圖完整地練一遍。

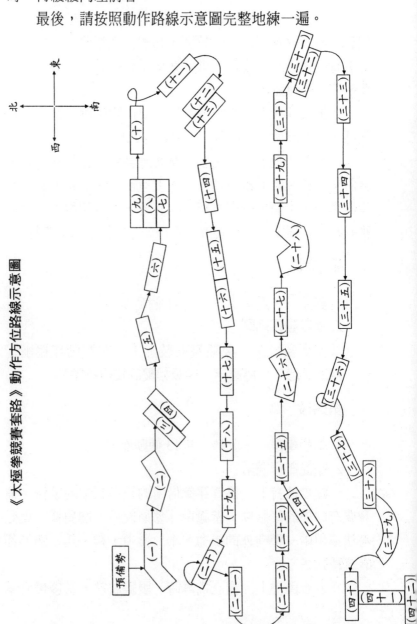

《太極拳競賽套路》動作方位路線示意圖

下　篇

太極劍競賽套路

主講教師：
北京體育學院武術系
副教授　門惠豐

第**13**講

【學習內容】

劍的結構與握法。

劍法——點劍、削劍。

太極劍競賽套路（預備勢、1～3動），共四個動作。即預備勢、起勢、併步點劍、弓步削劍。

一、劍的結構與握法

（一）劍的結構，見圖示。

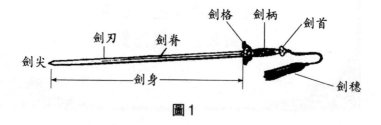

圖1

（二）劍的握法

1. 持劍

手心貼緊護手，食指附於劍柄，拇指和其餘手指扣緊護手，劍脊輕貼前臂後側。

2. 握劍

虎口貼近護手，拇指與其餘四指相對握攏劍柄。握劍
形式主要有以下四種：

①正握

立劍（刃朝上下），小指側刃向下。

②反握

立劍，小指側刃向上。

③俯握

平劍（刃朝左右），手心向下。

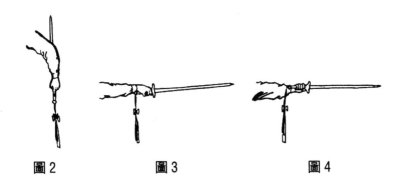

圖 2　　　　　　圖 3　　　　　　圖 4

④仰握

平劍，手心向上。

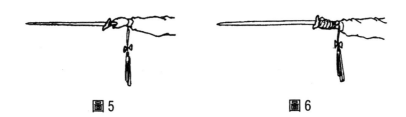

圖 5　　　　　　　圖 6

握劍時應注意：

① 手腕要鬆；手指要活；手心要空。

② 握劍以拇指、中指、無名指為主，食指、小指配合，隨動作變化靈活掌握，時握時放，順其自然。

3. 劍指

食指與中指伸直併攏，無名指與小指屈攏；大拇指扣壓在無名指和小指第一關節上。

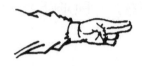

圖 7

二、劍法

（一）點 劍

立劍，提腕，使劍尖由上向前下點，臂自然伸直，力達劍尖下鋒。

（二）削 劍

平劍，自異側下方，經胸前向同側前上方斜出為削，手心斜向上，劍尖略高於頭。力注劍前身拇指側刃。

【動作說明】

太極劍競賽套路第一段（預備勢、1～3 動），即預備

勢、起勢、併步點劍、弓步削劍。

預備勢

併步持劍 兩腳併攏直立；左手持劍，兩臂自然垂於體側；目視前方（圖3-1）。

一、起勢

1. 開步持劍 左腳提起向左開半步，同肩寬，重心在兩腿中間；兩臂微屈內旋，兩手距身體約10公分；目視前方（圖3-2）。

2. 轉體舉臂 身體微左轉，兩臂向左前擺舉至肩平，手心朝下；目視左前方（圖3-3）。

3. 收腳屈臂 身體微右轉，隨轉體右手劍指向右、向下畫弧至腹前，手心朝上，左手持劍向右畫弧屈肘置於體前，腕同肩高，手心朝下，兩手心相對；同時重心左移，左腿屈膝半蹲，右腳收提至左腳內側（腳不觸地）；目視

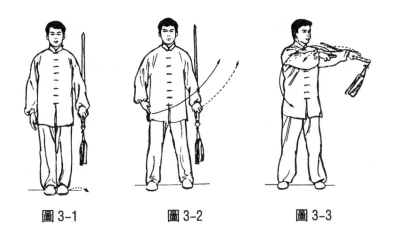

圖 3-1　　　　　圖 3-2　　　　　圖 3-3

右前方（圖 3-4）。

4. 弓步擺舉　右腳向右前方（約 45 度）上步，隨之身體重心前移成右弓步；同時右手劍指經左臂下向前上方擺舉，臂微屈，腕同肩高，手心斜朝上，左手持劍附於右前臂內側（劍柄在右前臂上方），手心朝下；目視劍指方向（圖 3-5）。

5. 伸指跟腳　身體重心移向右腿，左腳跟至右腳內側後方，腳尖點地；同時右手劍指向右前方伸送，左手持劍屈肘置於胸前，手心朝下；目視劍指方向（圖 3-6）。

6. 弓步前指　身體重心稍移向左腳；右腳尖內扣並支撐重心，身體左轉（約 90 度），左腳向左方上步成左弓步；同時左手持劍經腹前向左畫弧摟至左胯旁，臂微屈，手心朝後，劍身豎直，劍尖朝上；右手劍指屈肘經右耳旁向前指出，手心斜朝前，腕同肩高，手指斜向上；目視前方（圖 3-7）。

圖 3-4

圖 3-5

圖 3-6　　　　　　　　　圖 3-7

【易犯錯誤】

身體僵直；弓步時上體前傾。

【糾正方法】

注意身體的左右轉動與上肢動作的配合。第 2、3 分動，應使身體轉動與上肢動作相配合，這樣才能達到動作協調、柔和連貫的要求。弓步要鬆腰沉胯，保持上體正直。

【攻防含義】

對方劍向我左腰部刺來；我左手持劍，以劍後身貼緊前臂摟擋其劍，後上步進身，以劍指點對方喉部。

二、併步點劍

1. 弓步穿劍　身體重心前移，右腳經左腳內側向右前

方（約45度）上步，隨之重心前移成右弓步；同時左手持劍經胸前向右前穿出至右腕上，手心朝下；目視前方（圖3-8）。

2. 收腳收手　身體重心前移，左腳收提至右腳內側；同時兩手分別向左、右兩側畫弧屈肘向下置於胯旁，手心均朝下；目視前方（圖3-9）。

3. 弓步合手　身體微左轉，左腳向左前方（約45度）上步，隨之重心前移成左弓步；同時兩手側分擺舉，略高於肩後向前畫弧於體前相合，右手在上，高與胸齊，手心斜朝外，臂呈弧形，劍身貼靠左前臂，劍尖斜朝後，右手虎口對劍柄準備接劍；目視前方（圖3-10）。

圖3-8

圖3-9

圖3-10

4.併步點劍　身體重心前移，右腳向左腳併步，屈膝半蹲；同時右手接握劍柄，隨以腕關節為軸，使劍尖由身體左後方經上向前畫弧，至腕與胸高時，提腕使劍尖向前下方點劍；左手變劍指附於右腕內側，目視劍尖方向（圖3-11）。

圖3-11

【易犯錯誤】

接劍時有停頓，或形成拋接動作。

【糾正方法】

接劍時，右手虎口緊貼左手虎口，當右手握住劍柄時，左手再慢慢離開劍柄。

【攻防含義】

對方俯身以劍擊刺我下部；我則以劍尖點擊其頭或腕部。

三、弓步削劍

1.提腳沉腕　身體重心移至左腿，右腳跟提起；同時右手握劍沉腕外旋，手心朝上，劍尖指向左下方；左手劍指屈肘附於右前臂上，手心朝右，指尖朝上；目視劍尖方向（圖3-12）。

圖 3-12

2. 弓步斜削　右腳向右後方撤步，腳前掌先著地，隨之身體重心右移，左腳尖內扣、右腳尖外擺成右弓步，身體右轉（約 180 度）；同時右手握劍隨轉體向右上方斜削，腕同肩高，左手劍指向下、向左畫弧置於左胯側，手心斜朝下，指尖朝前；目視劍尖方向（圖 3-13）。

圖 3-13

【攻防含義】

對方從我右後以劍向我頭部刺來；我以劍拇指側刃，由其劍下斜削其腕部。

第14講

【學習內容】

劍法——劈劍、攔劍、撩劍、刺劍。

太極劍競賽套路第一段（4～11動），共八個動作。即提膝劈劍、左弓步攔、左虛步撩、右弓步撩、提膝捧劍、蹬腳前刺、跳步平刺、轉身下刺。

劍　法

1. 劈劍

立劍，自上向下為劈，力達劍身下刃。掄劈劍是將劍掄一立圓，然後向前下劈。

2. 攔劍

又分左攔劍，右攔劍。

左攔劍：立劍，臂內旋，由左下向右前方斜出，腕與頭平，劍尖朝左前下，力達劍身小指側刃。

右攔劍：臂外旋，由右下向左前方斜出，劍尖朝右前下，其餘同左攔劍，略。

3. 撩劍

立劍，由下向前上方為撩，力達劍身前部小指側刃。前臂外旋，劍貼身右側撩出為右撩。前臂內旋，劍經身體左側撩出為左撩。

4. 刺劍

立劍或平劍，臂由屈而伸，力達劍尖為刺劍。

【動作說明】

四、提膝劈劍

1. 後坐擺劍　身體重心後移，上體右轉，右腳尖翹起外擺；同時兩臂畫弧平擺，右手握劍擺於體右後方，手心朝上，腕同肩高，左手劍指擺至右肩前，手心斜朝下；目隨視劍尖（圖 3-14）。

圖 3-14

2. 獨立劈劍　身體略左轉，右腳踏實，左腿屈膝提起成右獨立步；同時右手握劍向前平劈，左劍指經下向左畫弧擺舉，與肩同高，手心朝外，指尖斜朝上；目視劍尖（圖 3-15）。

圖 3-15

【攻防含義】

對方劍從我右側向我頭部刺來；我則以劍身帶化其來劍，隨即劈對方頭部（圖 3-14、15）。

五、左弓步攔

1. 落步圈劍　右腿屈膝半蹲；同時右手持劍以腕關節為軸，使劍尖在體前順時針畫一圓圈，左腳向左後落步，腳前掌先著地成右弓步，左手劍指右擺，屈肘附於前臂內側，手心朝下；目視劍尖方向（圖 3-16）。

2. 弓步攔劍　身體左轉，重心移向左腿，右腳尖內扣，左腳尖外擺成左弓步；同時右手劍經下向左前畫弧攔出，小指側刃朝上，劍尖朝前下，腕同胸高，左手劍指經下向左上畫弧屈臂舉於頭左前上方，手心斜朝上；目視劍尖（圖 3-17）。

圖 3-16

圖 3-17

【攻防含義】

1. 對方劍劈我右腕；我繞腕花，避開其劍後反劈其腕。

2. 對方劍刺我左側下部；我以劍身中部攔擋其劍，劍尖對其腕。

六、左虛步撩

1. 上步收劍　重心後移，左腳尖翹起外擺，上體左轉；繼而，右腳向右前上步；同時右手劍向上、向左畫弧收至左胯旁，左劍指落附於右腕部；目視劍尖（圖3-18）。

2. 虛步撩劍　身體右轉，右腳外擺踏實支撐重心，左腳上步成左虛步；同時右手劍由左向右上方撩架，劍尖略低於手，左劍指附於右腕部；目視前方（圖3-19）。

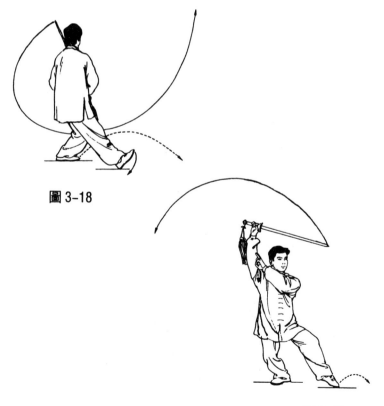

圖3-18

圖3-19

【攻防含義】

對方劍向我右肋刺來；我右轉身避開其劍，並以劍小指側刃撩割其腕。

七、右弓步撩

1. 轉體上步 體微右轉，左腳向左上步，右手劍落至身體右側，腕同肩高，左劍指附於右肩前；目視右方（圖3-20）。

2. 右弓步撩 身體左轉，左腳尖外擺落地，右腳向前上步成右弓步；右手劍經下向左撩出，腕同肩高，劍尖斜向下，左劍指舉於頭左上方；目視劍尖方向（圖3-21）。

【練習要點】

撩劍時劍要貼身立圓撩出；上步重心要平穩。

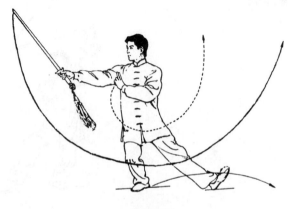

圖 3-20

圖 3-21

【攻防含義】

對方劍向我左肋刺來；我左轉身，避開其劍，隨即上右步進身以我劍由下撩其腕。

八、提膝捧劍

1.屈膝平帶　左腿屈膝半蹲；右手劍隨體左轉向左平帶，手心朝上，腕同胸高，劍尖朝前；左劍指落附右腕部，手心朝下；目視劍尖方向（圖3-22）。

圖 3-22

2. 撤步帶劍　身體右轉，右腳向後撤步，隨重心後移成左虛步；同時右手握劍隨轉體手心向下，使劍經體前向右平帶至右胯前，劍尖向前，左手劍指向下、向左畫弧至左胯旁，手心朝下；目視前方（圖3-23）。

3. 獨立捧劍　左腳向前活步，隨重心前移，左腿自然直立，右腿屈膝提起成左獨立步；同時兩手外旋向胸前相合，捧托於右膝前上方，左劍指在下，腕同胸高，劍尖朝前，略高於腕；目視前方（圖3-24）。

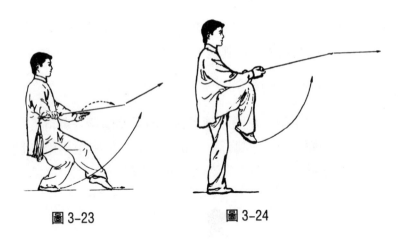

圖3-23　　　　　　　　圖3-24

九、蹬腳前刺

左腿微屈後自然直立，兩手捧劍由前向下、向裡畫一小圈後向前平刺出，同時右腳以腳跟為力點，勾腳向前蹬出；目視劍尖方向（圖3-25）。

圖 3-25

十、跳步平刺

1. 落腳前刺　右腳向前落步，隨身體重心前移，右腿
自然伸直，左腳抬起；同時兩手捧劍前平刺；目視劍尖方
向（圖 3-26）。

圖 3-26

2. 躍步撤劍　右腳蹬地，左腳前躍落地，右腳收於左腳內側，腳尖不點地；同時兩手內旋撤置胯兩旁，手心均朝下；目視前方（圖3-27）。

3. 弓步平刺　右腳向前上步成右弓步；同時右手仰握劍經腰部向前平刺，腕同胸高，手心朝上；左手劍指經左向上、向前畫弧，臂呈弧形舉於頭左前上方，手心斜朝上；目視劍尖方向（圖3-28）。

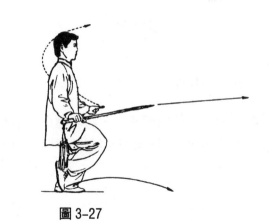

圖3-27

圖3-28

【練習要點】

1. 左腳躍步落地與右腳屈膝提出；兩手回抽要協調一致。

2. 右腳提起剎那站穩後，再向前以腳跟先著地成右弓步。

【攻防含義】

對方劍向我胸部刺來；我則以劍身隨貼其劍身向左帶化；對方劍又向我右肋刺來，我向右帶化其劍；隨以右腳蹬其腹，並刺其喉；對方後退，我跳步進身刺其胸部。

十一、轉身下刺

1. 後坐帶劍　左腿屈膝，重心後移，右腿自然伸直，腳尖上翹；同時，右手劍向左平帶收於左胸前，手心朝上；左劍指落於胸前，手心朝下；目視左前方（圖3-29）。

圖 3-29

2. 扣腳轉體　右腳尖內扣落地；同時右手劍收至右腰側，左劍指置於劍柄前上方；隨之以右腳前掌為軸，向左後轉體，左腿屈膝提起；目視左前方（圖 3–30）。

3. 弓步前下刺　左腳向左前落步成左弓步；同時右手劍向左前下方平劍刺出，手心朝上；左劍指向左、向上畫弧，臂呈弧形舉於頭左前上方，手心斜朝上；目視劍尖方向（圖 3–31）。

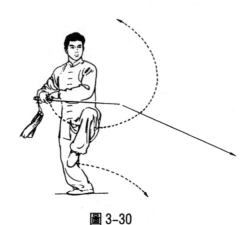

圖 3–30

圖 3–31

【易犯錯誤】

轉體時低頭彎腰；重心不穩。

【糾正方法】

1. 轉體時上體保持正直、舒鬆、豎頸。
2. 支撐腿微屈，降低重心。

【攻防含義】

對方從我身後，以劍橫截我左腿，我提左腿避開其劍，轉身以劍刺其膝部。

第15講

【學習内容】

劍法——斬劍、崩劍、壓劍、絞劍、截劍、帶劍、托劍。

太極劍競賽套路第二段（12～21 動），共十個動作。即弓步平斬、弓步崩劍、歇步壓劍、進步絞劍、提膝上刺、虛步下截、左右平帶、弓步劈劍、丁步托劍、分腳後點。

劍 法

1. 斬劍

平劍，向右橫擊，高度在頭與肩之間為斬，力達劍身小指側刃。

2. 崩劍

立劍，沉腕，使劍尖向上，發力於腕，力達劍鋒拇指側刃。

3. 壓劍

手心朝下，平劍向下為壓，劍尖朝前。

4. 絞劍

平劍，自胸前逆時針向前畫弧一周，於胸前手心朝上，劍尖朝前，力達劍身前部。

5. 截劍

劍身斜向上或斜向下為截,力達劍身前部。

6. 帶劍

平劍,由前向左或右屈臂回抽為帶,腕高不過胸,劍尖斜朝前,力達劍身。

7. 托劍

立劍,劍身橫平,由下向上為托。手心朝裡,腕與頭平,力達劍身中部上刃。

【動作説明】

十二、弓步平斬

1. 收腳沉腕 重心前移,右腳收提於左腳內側（不點地）；同時右手劍沉腕,手心斜向上,左劍指屈肘向前附於右前臂上;目視劍尖方向（圖3-32）。

2. 弓步平斬 右腳向右後撤步,左腳尖內扣,右腳尖外擺成在橫襠步,身體右轉約90度;同時右手握劍,向右

圖 3-32

圖 3-33

平斬；左手劍指向左分展側舉，略低於胸，手心朝左，指尖朝前；目視劍尖（圖 3-33）。

十三、弓步崩劍

1. **轉身帶劍**　重心左移，左腿屈膝成左橫襠步；同時身體微左轉，右手外旋屈肘，手心朝後，劍柄帶至面前，劍身平直（立劍）；左劍指擺於左胯旁；目視右前方（圖 3-34）。

圖 3-34

圖 3-35　　　　　　　　　　　圖 3-36

2. 叉步格帶　重心右移，左腳向右腳右後方插步成叉步；同時右手劍繼續向左帶至左肩前後內旋，手心朝下向右格帶，腕同胸高，手臂自然伸直，劍尖朝前同肩高；左劍指向左、向上擺舉至左耳側，手心朝外；目視右側（圖3-35）。

3. 提膝捧劍　重心移至左腿，右腿屈膝提起；同時兩前臂向內畫弧合於腹前，手心朝上，劍尖朝前；左劍指捧托右手背下；目視前方（圖3-36）。

4. 弓步崩劍　右腳向右落步成右弓步；上體略右轉；同時帶右手劍右擺崩劍，腕同肩高，劍尖高於腕，臂微屈，手心朝上；左劍指向左分展至胯旁，手心朝外；目視劍尖方向（圖3-37）。

【練習要點】

這一動作的關鍵，在於發勁崩劍，要領是轉腰、沉胯，以腰帶臂，勁要鬆彈。

圖 3-37

【攻防含義】

我仰握劍以拇指側刃平斬對方頸部；對方避開我劍，並以其劍刺我喉部；我劍貼其劍，向左隨勢帶化，而後翻腕以劍身小指側刃回割其腰肋；對方避開我劍，以其劍點擊我腕，我向左收劍於腹前，使其劍落空；以劍拇指側刃崩擊對方頭部。

十四、歇步壓劍

1. 叉步提腕　身體左轉，重心移至左腿；右腳向左腳後插步，腳前掌著地；同時右手握劍內旋提腕，手心朝下，左劍指左側舉略低於肩；目視右手腕（圖3-38）。

圖 3-38

2. 歇步壓劍　兩腿屈膝下蹲成歇步；同時右手劍下壓距地面約 10 公分，臂微屈，腕同膝高；左劍指向上畫弧，臂呈弧形舉於頭左後上方，手心斜朝上；目視劍尖（圖 3-39）。

圖 3-39

【攻防含義】

對方從我左前方以劍刺我胸或腹部；我平劍下壓其來劍，使其落空。

十五、進步絞劍

1. 虛步上提　身體直起，微右轉，兩腿蹬伸，左腿屈膝，右腳向前上步成右虛步；同時右手劍外旋，虎口朝前上方立劍提腕至同肩高，劍尖略低於腕，左劍指經上向前畫弧附於右前臂內側，手心朝下；目視前下方（圖 3-40）。

2. 上步絞劍　右腳向前上步；右手握劍外旋沉腕絞劍，左

圖 3-40

手劍指向下、向左畫弧側舉，同肩高，手心朝外，指尖朝前，臂呈弧形；目視劍尖方向（圖3-41）。

圖 3-41

3. 上步絞劍 左腳向前上步，重心前移；同時右手劍逆時針再次絞劍，左劍指動作不變；目視劍尖方向（圖3-42）。

圖 3-42

4. 弓步合臂　右腳向前上步成右弓步；同時右手劍繼續絞劍後前送；左劍指向前合附於右前臂上，手心朝下；目視劍尖方向（圖3-43）。

圖 3-43

【練習要點】

1. 絞劍時，握劍的手，腕部要鬆活，絞劍要平緩、連貫。

2. 上步時兩腿屈膝，上步要平穩，不要起伏。

3. 上步與絞劍要協調一致，連貫平穩。

【攻防含義】

對方劍向我體前刺來；我劍以拇指側刃提割其腕；對方退步，我進步，雙方劍身貼住纏繞不脫，互相尋機剪腕，進擊對方。

圖 3-44　　　　　　　圖 3-45

十六、提膝上刺

1. 後坐回帶　重心後移，上體略左轉，左腿屈膝半蹲；同時右手劍屈肘回帶至左腹前，手心朝上，劍身平直，劍尖朝右；左劍指附於劍柄上；目視劍尖方向（圖 3-44）。

2. 提膝上刺　重心前移，身體略右轉，右腿自然直立，左腿屈膝提起成右獨立勢；同時右手劍向前上方刺出，手心朝上，左手劍指附於右前臂內側；目視劍尖（圖 3-45）。

【攻防含義】

對方劍向我胸部刺來，我劍隨貼其劍向左帶格其劍，隨即刺其後部。

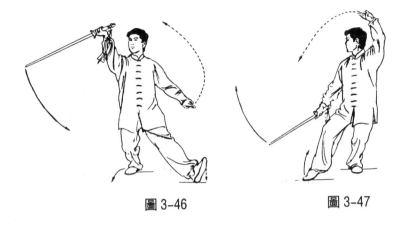

圖 3-46　　　　　　　　　　　圖 3-47

十七、虛步下截

1.落步帶劍　右腿屈膝半蹲；左腳向左落步，腳跟著地，身體左轉；同時右手劍指隨體轉屈肘外旋向左上方帶劍，手心朝裡，腕同頭高，劍尖朝右，左劍指經下向左畫弧至左胯旁，手心斜朝下；目視右側（圖 3-46）。

2.虛步下截　重心左移，左腳踏實，屈膝半蹲，上體右轉，右腳向左移半步，腳尖點地；同時右手劍繼續左帶後隨轉體向右下截劍至右胯旁，劍尖朝左前，同膝高；左劍指向上，臂呈弧形，舉至頭左上方，手心斜朝上；目視右側（圖 4-47）。

【攻防含義】

對方劍截擊我右腿，我右虛步避開，以劍小指側刃向下截其腕部。

十八、左右平帶

1. 提膝送劍　右腿屈膝提起，腳尖下垂；同時右手劍立劍向前伸送至與胸高，臂自然伸直；左劍指向前落附於右前臂內側，手心朝下；目視劍尖方向（圖 3-48）。

2. 弓步右帶　右腳向右前方落步，上體微右轉成右弓步，同時右手劍內旋手心轉向下後屈肘，使劍向右後帶至右肋前，腕同胸高，劍尖朝前；左劍指仍附於右前臂內側；目視劍尖方向（圖 3-49）。

圖 3-48

圖 3-49

圖 3-50

3. 弓步左帶　身體重心前移，左腳向左前方上步成左弓步；同時右手握劍隨劍尖前伸，前臂外旋，至手心朝上後微屈肘向左帶劍至左肋前，劍尖朝前；左劍指經下向左，臂呈弧形舉於頭左上方，手心斜朝上；目視前方（圖3-50）。

【攻防含義】

對方劍向我右胸刺來，我劍隨貼其劍身，向右帶化；對方劍向我左胸刺來，我劍隨貼其劍身向左帶化。

十九、弓步劈劍

1. 叉步下截　身體重心前移，右腳外擺向前上步並屈膝半蹲；左腿自然伸直，腳跟提起，上體右轉成叉步；同時右手劍向右後方下截；左劍指屈肘向下附於右肩前，手心斜朝下；目視劍尖方向（圖3-51、附51）。

2. 弓步劈劍　上體左轉，左腳向前上步成左弓步；同

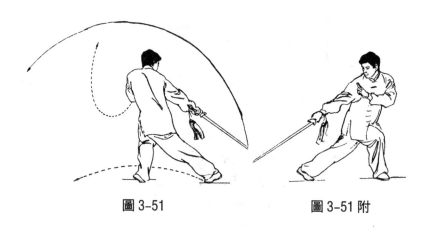

圖 3-51　　　　　　　　　　圖 3-51 附

時右手劍經上向前劈劍同胸高，左手劍指經下向左上方畫
弧，臂呈弧形，舉於頭左前上方，手心斜朝外；目視前方
（圖 3-52）。

【練習要點】

又步下截時，上步要大；擰腰，上體要稍前傾。

圖 3-52

圖 3-53

圖 3-53 附

【攻防含義】

我主動攻擊對方，以劍力劈其頭。

二十、丁步托劍

1. 提膝截劍　身體重心前移，右腿屈膝上提成獨立式，上體右轉並微前傾；同時右手劍向右後截劍，左劍指屈肘擺至右肩前，手心朝右後；目視劍尖（圖 3-53、附 53）。

圖 3-54

2. 丁步托劍　右腳向前落步，屈膝半蹲，左腳跟至右腳內側，腳尖點地成丁步；同時右手外旋向前，屈肘向上托劍同肩高，劍尖朝右；左劍指附於右腕內側，手心朝前；目視右側（圖 3-54）。

【攻防含義】

對方由我後面以劍截我右腿，我提右腿避開，回身以劍截其腕；對方從我身前以劍劈我頭部，我疾上步近身避開其劍並橫劍由下向上以劍身後部小指側刃，托截其腕。

二十一、分腳後點

1. 上步轉身　左腳向前上步，腳尖內扣，膝微屈，上體右轉約90度；隨之以右腳前掌為軸碾轉，膝微屈；右手握劍使劍尖向右、向上畫弧至腕與肩高，手心斜朝上，劍尖斜朝下，左劍指仍附右腕；目視劍尖（圖3-55）。

2. 橫襠步穿劍　右腳後撤，腿自然伸直，左腳尖內扣碾步，腿屈膝半蹲，身體右轉（約90度）成橫襠步；同時右手劍向下、向右穿劍於腹前，手心朝外，劍尖朝右，左劍指仍附於右腕；目視劍尖方向（圖3-56）。

3. 弓步穿刺　隨重心前移，右腿屈膝，左腿自然伸

圖3-55

圖 3-56

圖 3-57　　　　　　　　圖 3-58

直，上體右轉成右弓步；同時右手劍向前穿刺同胸高；左劍指向左後方畫弧側舉，手心朝外；目視劍尖方向（圖 3-57）。

4. 併步帶劍　重心前移，左腳向右腳併步，兩腿屈膝半蹲，上體稍左轉；同時右手劍向上、向左帶至左胸前，腕同腰高，手心朝內，劍尖朝左上方，左劍指屈肘附於右腕內側；目視左側方（圖 3-58）。

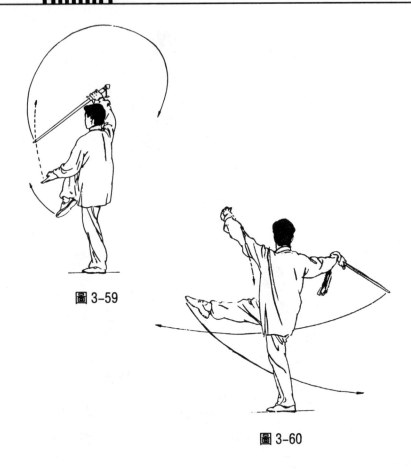

圖 3-59

圖 3-60

5. 提膝提劍　左腿自然伸直，右腿屈膝提起，腳尖自
然下垂，上體右轉約90度；同時右手劍內旋劍柄上提舉至
頭前上方，劍尖朝前上方，手心朝前上方；目視劍尖方向
（圖 3-59）。

6. 分腳後點　右腳向前擺踢成分腳，同時上體向右擰
轉；隨轉體右手劍向右後點劍，腕同肩高，左劍指向左上方
畫弧舉至頭左上方，手心斜朝上；目視劍尖（圖 3-60）。

【易犯錯誤】

上體後仰。分腳與點劍不協調。

【糾正方法】

要求上體正直。分腳、點劍要同時完成。

【攻防含義】

　　對方從我右後方以劍向我腰部猛力衝刺，我右轉身閃避，豎劍掛帶使對方刺劍落空，隨刺其後背。對方由前以劍刺我頭部，我豎劍以劍身向左轉身掛帶使其落空，對方又刺我下部，我提腿避開，以劍前身小指側刃提割其腕。對方隱避我右後方，蓄意擊刺我下部，我則向後回劍點擊其頭。

第16講

【學習內容】

劍法——架劍、雲劍、抹劍。

太極劍競賽套路第三段（22～29動），共八個動作。即仆步穿劍、蹬腳架劍、提膝點劍、仆步橫掃、弓步下截、弓步下刺、右左雲抹、右弓步劈。

劍　法

1. 架劍

立劍，橫向上為架。劍高過頭，力達劍身上刃，手心朝外。

2. 雲劍

平劍，在頭前方繞圓或在頭上方繞平圓，為雲。

3. 抹劍

平劍，從一側經前弧形向另一側回抽為抹，腕與胸平，劍尖朝異側前方，力達劍身小指側刃。

【動作說明】

太極劍競賽套路第三段（22～29動）。

二十二、仆步穿劍

1. 弓步擺舉　左腿屈膝半蹲，左腿屈膝向後落步成左弓步；同時上體左轉，隨體轉右手劍向體前擺舉，同胸高，手心朝上，劍身平直，劍尖朝前；左劍指附於右前臂上，手心朝下；目視劍尖（圖 3-61）。

2. 弓步斬劍　重心後移，左腳尖內扣，右腳尖稍外擺，身體右轉（約 90 度）成右橫弓步；同時右手劍經胸前向右斬劍，腕同肩高，手心朝上，劍尖略高於腕，左劍指向左分展側舉同腰高，手心朝外；目視劍尖（圖 3-62）。

圖 3-61

圖 3-62

3. 弓步平帶　重心左移，成左橫弓步，上體微左轉；同時右手劍屈臂外旋平帶至頭前上方，手心朝內，劍身平直，劍尖朝右；左劍指向上擺舉附於右腕內側，手心朝前；目視劍尖方向（圖 3-63）。

圖 3-63

4. 仆步落劍　左腿屈膝全蹲成右仆步，上體微右轉；同時右手劍落至襠前，手心朝外，立劍置於右腿內側，劍尖朝右；左劍指仍附於右腕；目視劍尖方向（圖 3-64、附64）。

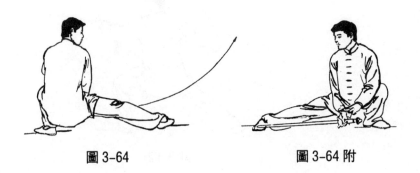

圖 3-64　　　　　　　　　　圖 3-64 附

圖 3-65   圖 3-66

5. 弓步穿劍　重心右移，右腳尖外擺，左腳尖內扣成右弓步；同時身體右轉約 90 度，隨之右手劍向前立劍穿出，腕同胸高，臂自然伸直，手心朝左；左劍指仍附於右腕內側；目視前方（圖 3-65）。

【攻防含義】

我劍向左、向右回擺，均為斬對方頭頸；對方從我體右前，以劍刺我頭部，我則以劍身隨貼其劍向上、向左架帶，使其落空，而後我俯身由下向前穿刺對方下部或腹部。

二十三、蹬腳架劍

1. 轉身帶劍　左腳尖外擺，身體右轉；同時右手劍內旋向右上方帶劍至頭前上方，手心朝外，劍尖朝前，左手劍指屈肘附於右前臂內側，手心朝右；目視劍尖方向（圖3-66）。

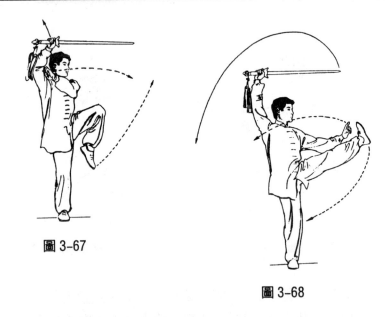

圖 3-67

圖 3-68

2. 提膝帶劍　右腿自然直立，左腿屈膝提起，腳尖自然下垂；同時右手劍繼續向右平帶；目視劍尖方向（圖 3-67）。

3. 蹬腳架劍　左腳以腳跟為力點向左側蹬腳；同時右手劍上架，臂微屈，左劍指向左側指出，臂自然伸直，腕同肩高，手心斜向前，指尖朝上；目視劍指方向（圖 3-68）。

如參加比賽，蹬腳高度不得低於腰部；一般練習高度可與胯平。

【攻防含義】

對方劍向我頭部刺來，我劍身隨其劍向上、向右後引化，隨即抬右腳蹬對方腹部。

圖 3-69

二十四、提膝點劍

左腳屈膝成右獨立步，上體微右轉；同時右手劍經上向右前下方點劍，劍尖同膝高，左劍指屈肘右擺附於右前臂內側，手心朝下；目視劍尖方向（圖 3-69）。

【練習要點】

點劍時上體不要傾斜。

【攻防含義】

點擊由我右後方襲來之敵頭或腕部。

二十五、仆步橫掃（左）

1. 仆步落劍　右腿全蹲，左腳向左後落步成左仆步，上體微左轉；同時左劍指屈肘內旋經左肋向後反插至左大

腿外側，手心朝外，右手劍外旋沉腕下落至右膝前上方，手心朝上；目視劍尖（圖3-70）。

2.仆步橫掃　重心左移，身體左轉（約90度），左腿屈膝，腳尖外擺，右腳尖內扣成左弓步；同時右手劍向左橫平掃至體前，腕同腰高，手心朝上，劍尖朝前下方略低於腕，左劍指經左向上舉於頭左前上方；目視劍尖方向（圖3-71）。

圖3-70

圖3-71

【易犯錯誤】

上體前傾，突臀。

【糾正方法】

仆步落劍時強調上體正直。成弓步時，髖關節要下沉。年老體弱者，仆步可高一些。

【攻防含義】

對方近身，以劍衝刺我頭頸部，我俯身下勢閃避，以劍橫掃其膝部。

二十六、弓步下截（右、左）

1. 跟腳撥劍　重心前移，右腳跟至左腳內側（可點地）；同時右手劍內旋畫弧撥劍，腕同腰高，劍尖朝左前下方；左劍指屈肘下落附於右腕內側，手心朝下；目視劍尖（圖3-72）。

圖 3-72

2. 弓步截劍　右腳向右前上步成右弓步，身體微右轉；同時右手劍向右前方畫弧截劍，腕同胸高，劍尖朝右前下方；左劍指仍附於右腕；目視劍尖方向（圖3-73）。

3. 跟腳撥劍　重心移至右腿，左腳跟至右腳內側（不點地），身體右轉；同時右手劍外旋畫弧撥劍至右胯旁，劍尖朝右前下方；左劍指附於右腕內側；目視劍尖（圖3-74）。

4. 弓步截劍　重心左移，左腳向左前方上步，右腳跟外展成左弓步，身體左轉（約90度）；同時右手劍向左畫弧截劍至身體左前方，腕與胸高，劍尖朝前下方；左劍指向左前上方畫弧舉於頭左前上方，手心朝外；目視劍尖方向（圖3-75）

【練習要點】

跟腳撥劍時要鬆胯斂臀；弓步截劍時，鬆腰沉胯，上體不要傾；畫弧撥劍，以腕為軸，手腰鬆活使劍尖畫一小圓弧。

圖3-73　　　　　圖3-74

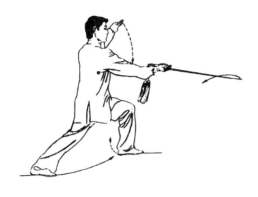

圖 3-75

【攻防含義】

對方從我右方刺我腰、臉，我趁其劍未到，即進身以劍小指側刃推截其腕部或截擋其劍。對方從我左前方刺我腰腹，我則趁其劍未到，進身以劍小指側刃，推截其腕或截擋其劍。

二十七、弓步下刺

1. 震腳回帶　重心前移，右腳在左腳後踏震，屈膝半蹲；左腳跟提起，上體微右轉；同時右手劍屈肘回帶至右肋前，手心朝上，劍尖朝前，左劍指向前落附於右腕內側，手心朝下；目視劍尖（圖 3-76）。

2. 弓步下刺　重心前移，左

圖 3-76

腳向左前方上步成左弓步，
上體微左轉；同時右手劍向
左前下方刺出，腕同腰高，
手心斜朝上；左劍指仍附於
右腕內側，手心朝下；目視
劍尖（圖3-77）。

圖 3-77

【練習要點】

震腳與回帶要同時，為
蓄勁。

弓步與刺劍要同時，為發勁，力注劍尖，發勁要鬆
彈。

【攻防含義】

對方向我腹部刺來，我以劍身隨貼其劍向右帶化，隨
即上步刺其膝部。

二十八、右左雲抹

1. 跟腳帶劍　重心前移，右腳跟至左腳內側（不點
地），身體微左轉；同時右手劍沉腕稍向左帶劍，腕同腰
高，劍尖略低於腕；左劍指向上至右前臂上，手心朝右；
目視劍尖（圖3-78）。

2. 弓步削劍　右腳向右上步成右橫弓步，上體右轉；
同時右手劍向右上方畫弧削劍，臂微屈，左劍指向左畫弧
分展，舉於左前方，同胸高手心朝外；目視劍尖（圖
3-79）。

3. 蓋步雲劍　上體微右轉，重心右移，接著上體微左轉，左腳向右蓋步，膝微屈，右腳在左腳即將落地時，蹬地屈膝後舉於右小腿後，腳尖下垂離地面 10 公分；同時右手劍在面前逆時針畫弧雲劍至體前，腕與胸高，臂微屈，手心朝下，劍尖朝左前方；左劍指與右手在胸前相合，附於右腕內側，手心朝下；目視劍尖（圖 3–80）。

圖 3–78

圖 3–79

圖 3–80

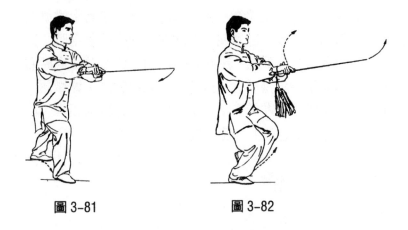

圖 3-81　　　　　　　　圖 3-82

4. 弓步抹劍　右腳向右上步成右弓步，身體右轉；同時右手握劍向右抹劍至右前方，手心朝下，左劍指仍附於右腕內側；目視劍尖方向（圖 3-81）。

【練習要點】

蓋步時，步法要靈活；雲劍時要以身帶劍，使劍運行連貫圓活，身劍要協調。

5. 跟腳帶劍　身體重心右移，左腳跟至右腳內側（不點地），身體微右轉；同時右手劍屈肘右帶，腕同腰高；劍尖朝左前，左劍指仍附於右腕內側；目視劍尖方向（圖 3-82）。

6. 弓步抹帶　左腳向左上步成左弓步；上體左轉；同時右手劍向前伸送後向左抹帶，腕同胸高，手心朝下，劍尖朝前，左劍指經前向左畫弧側舉，手心朝外；目視劍尖（圖 3-83）。

7. 蓋步雲劍　同分動 3，動作相反（圖 3-84）。

圖 3-83

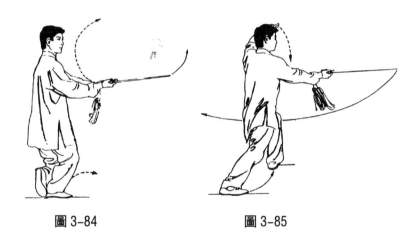

圖 3-84　　　　　　　　圖 3-85

8. 弓步抹劍　同分動 4，動作相反，惟左劍指向左畫弧舉於頭左前上方（圖 3-85）。

【攻防含義】

我以拇指側刃橫削對方頭或頸部；對方避開以劍劈我手腕，我則翻腕避開，隨即逼近其身，在其劍下以我劍小

指側刃割抹其肋。對方劍向我喉部刺來，我劍貼其劍下，順時針由俯握劍翻腕成仰握劍繞壓其劍上，以小指側刃推抹其脖頸。

二十九、右弓步劈

1. 跟腳帶劍　重心後移，左腳尖外擺後身體重心前移，左腿屈膝；右腳跟至左腳內側（不點地），身體微左移；同時右手劍經下向左後畫弧帶至左腹前，臂微屈，手心斜向上，劍尖朝左後下，同胯高，左劍指屈肘落於右前臂上，手心朝外；目視劍尖（圖3–86、附86）。

2. 右弓步劈　右腳向右上步成右弓步，上體微右轉；同時右手劍經上向右劈劍，同胸高；左劍指經下向左畫，弧臂呈弧形舉於頭左上方；目視劍尖（圖3–87）。

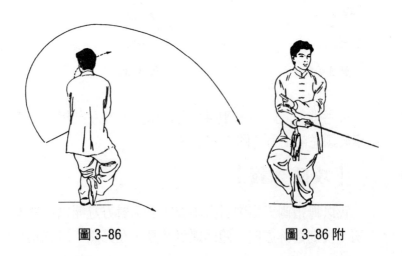

圖3–86　　　　　　　　　　　圖3–86附

圖 3-87

【攻防含義】

對方刺我左膝，我劍由下向左掛開其劍，隨即進身劈其頭部。

第 **17** 講

【學習內容】

《太極劍競賽套路》第三段（30～32 動）、第四段（33～37 動）共八個動作。即後舉腿架劍、丁步點劍、馬步推劍、獨立上托、掛劍前點、歇步崩劍、弓步反刺、轉身下刺。

【動作說明】

三十、後舉腿架劍

1. 蓋步掛劍　身體重心前移，左腳向前蓋步半蹲；右腳跟提起，身體微左轉；同時右手劍向左後方掛劍，腕同腰高；左劍指屈肘下落附於右前臂上，手心朝外；目視左下方（圖 3-88）。

2. 後舉腿架劍　左腿微屈支撐重心，右腿屈膝後舉小腿，腳面展平同臀高，上體微右轉；同時右手劍上架，距頭 10 公分，劍尖朝左；左劍指經面前向左側舉，臂微屈，指尖朝上；目視劍指方向（圖 3-89）。

此勢為平衡動作，獨立要站穩。

圖 3-88

圖 3-89

【攻防含義】

　　對方從我左前方刺我頭部；我劍由下向上橫架其劍，同時右轉身，以右腳後撩其襠部。

三十一、丁步點劍

　　1. 落腳擺舉　左腿屈膝，身體微右轉；右腳向右落步，腳跟著地，腿自然伸直；同時右手劍向右擺舉於頭右上方，劍尖稍高於腕；目視左前方（圖3-90）。

　　2. 丁步點劍　重心右移，身體右轉，右腳踏

圖 3-90

實，屈膝半蹲，左腳跟至右腳內側，腳尖點地成丁步；同時右手劍向右前點擊，腕同胸高；左手劍指經體前向右畫弧屈肘附於右腕內側；目視劍尖（圖3-91）。

圖 3-91

【攻防含義】

當對方後退時，我主動進擊，以劍點擊對方頭或臂、腕部。

三十二、馬步推劍

1.撤步收劍　左腳向左後撤步，身體重心左移，右腳跟提起，以腳掌擦地撤半步，腿微屈，上體向右擰轉；同時右手劍翹腕，虎口朝上，屈肘使劍收至右肋旁，劍身豎直，劍尖朝上；左劍指附於右腕，手心朝下；目視右側（圖3-92）。

2.馬步推劍　左腳蹬地，隨身體重心前移，右腳向前上步，腳尖內扣，左腳跟滑半步，兩腿屈膝下蹲成馬步，上體左轉；同時右手劍向右前方立劍平推，腕同胸高，劍尖朝上，左劍指向左經胸前向左推舉，同肩高，手心朝外，指尖斜朝上；目視右側（圖3-93）。

【練習要點】

此為發勁動作，要以腰帶劍，力從腰中發。

圖 3-92

圖 3-93

【攻防含義】

對方以劍刺我胸部；我豎劍隨貼其劍，向右後掛帶，隨即順其劍搶步推劍迎劈其面部。

三十三、獨立上托

1. 插步舉劍　身體重心左移，右腳向左插步，身體微右轉；同時右手劍以腕為軸外旋，翻轉手腕使劍向下、向上在體右側立圓畫弧，舉至頭部右側，劍尖朝右上方，虎口朝上，腕同胸高；左劍指略向前擺舉；目視右前方（圖 3-94）。

圖 3-94

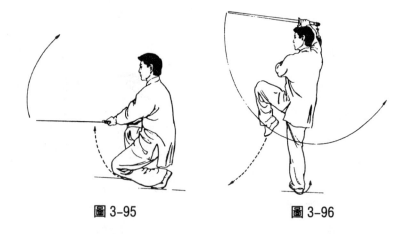

圖 3-95   圖 3-96

2. 轉體擺舉　身體重心後移，兩腿屈膝下蹲，大腳尖內扣，右腳以腳掌為軸向右碾轉，身體右轉（約 180度），左腳跟提起；同時右手劍前臂內旋向下、向右後擺舉至右膝前上方，手心朝下，劍尖朝前；左劍指屈肘向右附於右腕內側，手心朝下；目視劍尖（圖 3-95）。

3. 獨立上托　上體右轉，右腿自然直立，左腿屈膝提起成右獨立步；同時右手劍內旋向上托舉於右額上方（約10公分），劍身平直，劍尖朝左，左劍指屈肘附於右前臂內側，手心朝外；目視左側（圖 3-96）。

【練習要點】

插步轉體時上體不要前俯、不要突臀。提膝與上托劍要協調一致。該動作為平衡動作，要站穩。

【攻防含義】

對方從我左側以劍劈我腕部，我以剪腕花避擋其劍後

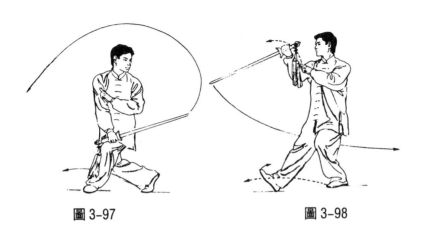

圖 3-97　　　　　　　　　圖 3-98

臂其腕部。蹲身以劍掃截對方腿部。對方以劍刺我頭部，
我橫劍向上托截，同時提左膝頂其襠部。

三十四、掛劍前點

1. 落步掛劍　左腳擺腳向左落步，隨重心前移，右腳
跟提起，上體左轉；同時右手劍向左下方畫弧掛劍，手心
朝內；左劍指屈肘附於右上臂內側，手心朝外；目視劍尖
方向（圖 3-97）。

2. 上步舉劍　重心前移，右腳向前上步，上體微右
轉；同時右手劍經上向前畫弧，前臂外旋舉於體右前方，
手心朝外，腕同鼻高，劍尖稍低於右腕，左劍指附於右前
臂內側；目視劍尖（圖 3-98）。

3. 叉步穿掛　重心前移，右腳踏實，左腳跟提起，身
體右轉成叉步；同時右手劍向右後畫弧穿掛，手心朝外；
左劍指向上，臂呈弧形舉於頭左上方，手心朝左；目視劍
尖方向（圖 3-99）。

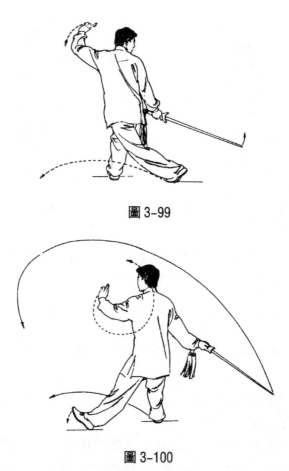

圖 3-99

圖 3-100

4.上步舉劍　重心前移，左腳向前上步，腳跟著地，身體左轉；同時右手劍向右伸舉，腕同腰高，劍尖朝右下方，左劍指下落側舉同肩高，手心朝外；目視劍指方向（圖 3-100）。

5.虛步點劍　重心前移，左腳踏實並屈膝半蹲，右腳向前上步成右虛步，上體左轉（約 90 度）；同時右手劍經

圖 3-101

上向右前下點劍；左劍指經下向左畫弧，臂呈弧形舉至頭左上方，手心斜朝上；目視劍尖（圖 3-101）。

【練習要點】

這一動包含了左、右兩次掛劍，要點是劍沿身體掛成立圓。

【攻防含義】

對方劍刺我左膝，我劍左掛擋其劍；對方劍刺我右膝，我劍右掛擋其劍；隨即我上步進身以劍點擊對方頭部或腕部。

三十五、歇步崩劍

1. 叉步帶劍　右腳掌向右碾轉踏實，屈膝半蹲，重心前移，上體右轉，左腳跟提起成叉步；同時右手翹腕後帶至右胯旁，手心朝內，劍尖朝左上方；左劍指屈肘下落附

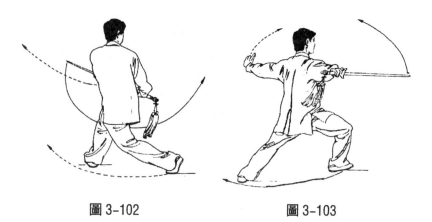

圖 3-102   圖 3-103

於右腕上，手心朝下；目視右前下
方（圖 3-102）。

2. 弓步反撩　重心右移，右腿
屈膝，左腳向左上步，身體右轉成
右弓步；同時右手劍經下向右反
撩，腕同胸高，手心朝後，劍尖朝
右；左手劍指經下向左畫弧擺舉至
肩平；目視劍尖（圖 3-103）。

3. 歇步崩劍　重心後移，右腳
向左腳後撤步成歇步，身體微右
轉；同時右手劍外旋，虎口朝上，

圖 3-104

沉腕崩劍，腕同腰高，左劍指向上舉於頭左上方，手心斜
朝上；目視右前方（圖 3-104）。

【練習要點】

崩劍時，右臂外旋，虎口朝上，然後鬆肩沉腕，劍尖

上崩，力貫劍尖上刃。

【攻防含義】

對方從我身後以劍刺我後腰，我向前上步右轉身避開，同時向後撩崩其腕。

三十六、弓步反刺

1. 提膝側舉　右腳踏實，右腿伸起直立，左腿屈膝提起，腳尖下垂，上體稍左傾；同時右手劍屈肘側舉，腕低於胸，劍身斜置於右肩上方，劍尖朝左上方，左劍指下落成側舉同肩高；目視右前方（圖3-105）。

2. 弓步反刺　左腳向左落步成左弓步，上體微向左傾；同時右手劍向前上方探刺；左手劍指向右與右臂在體前相合，附於右前臂內側；目視劍尖（圖3-106）。

圖 3-105

圖 3-106

【攻防含義】

我將劍隱蔽體右側，趁對方不備刺其頭部。

三十七、轉身下刺

1. 扣腳帶劍　身體重心後移並右轉，左腳尖內扣；同時右手劍屈肘回帶至肩前，手心朝內，劍尖朝右；左劍指屈肘附於右腕內側，手心朝外；目視右側（圖 3-107）。

2. 提膝掛劍　重心左移，右腳屈膝提起，腳尖下垂，左腳以腳前掌為軸碾步，身體右轉；同時右手劍向右掛劍至右肩前，

圖 3-107

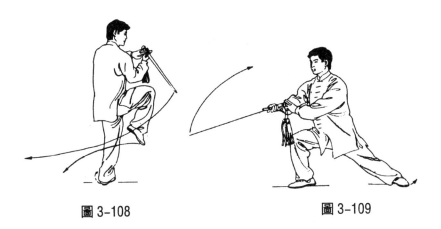

圖 3-108　　　　　　　　　　　圖 3-109

劍尖向下畫弧掛至右膝外側，手心朝外，左劍指附於右腕上，手心斜朝下；目視劍尖（圖 3-108）。

3. 弓步下刺　右腳向右後方落步，腳前掌先著地，接著身體右轉約 180 度，左腳尖內扣，右腳尖外擺成右弓步，同時右手劍向前下方刺出，腕同腰高，手心朝上；左手劍指附於右腕上，手心朝下；目視劍尖（圖 3-109）。

【練習要點】

左腳向右碾轉時，腳跟不要提得過高，以免重心不穩。轉體後要先落腳跟，再移重心成右弓步刺劍。

【攻防含義】

對方從我右後以劍猛力衝刺我腰部，我右轉身閃避並豎劍掛其劍；對方劍落空並由我體側衝過，我隨其後，以劍刺其腿部。

第18講

【學習內容】

《太極劍競賽套路》第四段（38～42動），共五個動作。即提膝提劍、行步穿劍、擺腿架劍、弓步直刺、收式。

太極劍競賽套路動作布局、定勢方位。

【動作説明】

三十八、提膝提劍

1. 擺腳帶劍　身體重心後移，上體左轉，左腿屈膝半蹲，右腿自然伸直成左橫襠步；同時右手劍以劍柄領先，屈肘外旋向左上方帶劍（距頭部約20公分），手心朝內，劍尖朝右，左劍指附於前臂內側，手心朝外；目視劍尖（圖3-110）。

2. 橫襠步帶劍　重心右移，右腿屈膝，左腿自然伸直，左腳跟外碾，身體微右轉成右橫襠步；同時右手劍前臂內旋，使劍向左、向

圖3-110

圖 3-111　　　　　　　　　圖 3-112

下、向右上畫弧帶劍至胸前，劍尖低於腕，手心朝下。左
劍指屈肘附於右腕內側；目視劍尖（圖 3-111）。

　　3. 獨立提劍　左腿屈膝提起成獨立步，上體微右轉並
稍前傾；同時右手持劍，劍柄領先向右、向上畫弧提劍，腕
同額高，虎口斜朝下，劍尖置左膝外側；左劍指向左下畫弧
分舉至左胯側，手心朝外；目視左前下方（圖 3-112）。

【攻防含義】

　　對方劍刺我頭部，我劍隨貼其劍身向左帶化，使其劍
落空。對方從我左側以劍刺我腰部，我則左腿提起避開並
回身以劍提拉其腕。

三十九、行步穿劍

　　1. 落步穿劍　右腿屈膝，左腳向左落步，腳跟著地，
上體左轉；同時右手劍外旋手心轉向上，劍尖領先，使劍

圖 3-113

圖 3-114

經左肋側向左、向前穿劍，腕同腰高，劍尖朝前；左劍指向右上畫弧舉至右肩前，手心朝下；目視劍尖（圖3-113）。

2. 擺步穿劍　重心前移，左腳踏實，膝微屈，右腳向右擺步，身體右轉；同時右手劍繼續向前、向右畫弧穿劍，腕同胸高，劍尖朝右；左劍指經胸前向左、向前畫弧舉臂，手心朝外；目視劍尖（圖3-114）。

圖 3-115

3. 扣步穿劍　重心前移，左腳向右扣步，上體微右轉；兩手動作不變（圖3-115）。依次右、左腳再各上一步。

【練習要點】

穿劍時，要擰腰沉胯。行步時，兩腿略屈，重心平

穩；扣步、擺步要勻速連貫。共走 5 步，軌跡成一個圓形。

【攻防含義】

雙方舉劍，繞行周旋，互相尋機刺擊對方。

十、擺腿架劍

1. 擺腿雲劍　右手劍前臂內旋經面前使劍尖在頭前上方逆時針畫一斜圓，雲劍後屈肘向左擺至左胸前，劍尖朝左上方。當右手劍左擺至面前時，右腿外擺，至右前方時屈收小腿成左獨立式，膝同腰高；左劍指向右在面前與右手相合，屈肘附於右腕內側，手心朝下；目視前方（圖3-116、117）。

2. 落腳抹劍　左腿屈膝，右腳向右前方落步，腳跟先著地，身體微右轉；同時右手劍經前向右畫弧抹劍，腕同

圖 3-116

圖 3-117

圖 3-118   圖 3-119

胸高，手心朝下，劍尖朝左；左劍指附於右前臂內側，手心朝下；目視劍身前端（圖 3-118）。

3. 弓步架劍　右腿屈膝半蹲，左腳跟外展成右弓步，上體微左轉；同時右手劍上舉架劍，劍尖朝前，左劍指隨舉劍經面前向左前指出，指尖朝上，同鼻高；目視劍指方向（圖 3-119）。

【攻防含義】

對方從我體前以劍向我頭部劈來，我以擺蓮腿踢其腕部，將其劍踢落。而後弓步架劍亮勢觀其動靜。

四十一、弓步直刺

1. 收腳收劍　身體重心移至右腿，左腳收提至右腳內側（不點地）；同時右手劍經右向下收至右胯旁，劍尖朝左前方；左劍指經左向下收至左胯旁，手心朝下；目視右前下方（圖 3-120）。

圖 3-120　　　　　　　圖 3-121

2. **弓步直刺**　左腳向左前上步成左弓步，身體微左轉；同時右手劍向前立劍刺出，同胸高；左劍指在胸前與右手相合，附於右腕內側後向前伸送；目視前方（圖3-121）。

【攻防含義】

我進步以劍刺對方胸部。

四十二、收式

1. **轉身回帶**　重心後移，右腿屈膝，上體右轉；同時右手劍屈肘向右回帶至胸前；左劍指仍附右腕，兩手心相對，劍身輕貼左前臂外側；目視前下方（圖3-122）。

2. **上步左擺**　身體左轉，重心前移，右腳上步，兩腳平行，兩腿

圖 3-122

微屈；同時左劍指變掌接劍（反握），經體前向左擺至左胯旁，手心朝後，劍身豎直，劍尖朝上；右手變劍指經下向右後方畫弧屈肘舉至右耳側，手心朝內，同頭高；目視前方（圖3-123）。

3.落手併立　兩腿自然伸直；同時右手劍指經胸前向下落於身體右側，然後左腳向右腳併攏，身體自然站立，兩臂垂於體側；目平視前方（圖3-124、125）。

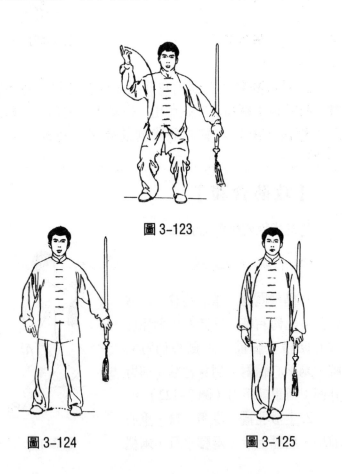

圖3-123

圖3-124　　　　　　　　圖3-125

【攻防含義】

對方持劍向我胸部刺來，我劍隨貼其劍向右帶化；對方劍向我左肋刺來，我左手持劍以劍後身攔擋其劍。

太極劍競賽套路動作布局定勢方位

下面將太極劍競賽套路每一段的動作布局、定勢方位給大家講一下。為便於說明，設東西南北中方位示意圖，以做參照方向。

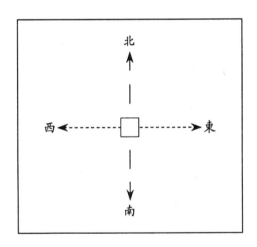

預備式：左手持劍併步直立，胸對方向為南，東、西為套路運行方向線。

分段	動作名稱	定勢方位
第一段套路運行方向線向東	一、起勢	東
	二、併步點劍	稍偏東北
	三、弓步斜削	西南
	四、提膝劈劍	西南
	五、右弓步攔	東
	六、左虛步撩	稍偏東南
	七、右弓步撩	東
	八、提膝捧劍	東
	九、蹬腳前刺	東
	十、跳步平刺	東
	十一、轉身下刺	東南
第二段套路運行方向線向西	十二、弓步平斬	西北
	十三、弓步崩劍	西北
	十四、歇步壓劍	稍偏西南
	十五、進步絞劍	稍偏西南
	十六、提膝上刺	稍偏西南
	十七、虛步下截	正西偏北
	十八、右左平帶	西
	十九、弓步劈劍	西
	二十、丁步托劍	西北
	二十一、分腳後點	東北

註：東（西）：與套路方向線一致。
　　西南（東南等字樣）：在套路方向線左或右成夾角約45度。
　　稍偏××：在套路方向線左或右成夾角約30度。

分段	動作名稱	定勢方位
第三段套路運行方向線向東	二十二、仆步穿劍（右）	東
	二十三、蹬腳架劍（左）	東
	二十四、提膝點劍	西南
	二十五、仆步橫掃（左）	正東偏北
	二十六、弓步下截（右左）	稍偏東北
	二十七、弓步下刺	稍偏東北
	二十八、右左雲抹	正南偏東（右）
	二十九、右弓步劈	正北偏東（左）
	三　十、後舉腿架劍	稍偏東南
	三十一、丁步點劍	稍偏東南
	三十二、馬步推劍	稍偏東南
第四段套路運行方向線向西	三十三、獨立上托	西
	三十四、掛劍前點	西
	三十五、歇步崩劍	東
	三十六、弓步反刺	西北
	三十七、轉身下刺	西南
	三十八、提膝提劍	正南偏東
	三十九、行步穿劍	西北
	四　十、擺腿架劍	正南偏西
	四十一、弓步直刺	南
	四十二、收式	南

正東偏×
正西偏× ＞：在套路方向線左或右成夾角小於 30 度。

導引養生功

1 疏筋壯骨功＋VCD
定價350元

2 導引保健功＋VCD
定價350元

3 頤身九段錦＋VCD
定價350元

4 九九還童功＋VCD
定價350元

5 舒心平血功＋VCD
定價350元

6 益氣養肺功＋VCD
定價350元

7 養生太極扇＋VCD
定價350元

8 養生太極棒＋VCD
定價350元

9 導引養生形體詩韻＋VCD
定價350元

10 四十九式經絡動功＋VCD
定價350元

張廣德養生著作　　每冊定價350元

全系列為彩色圖解附教學光碟

輕鬆學武術

1 二十四式太極拳＋VCD
定價250元

2 四十二式太極拳＋VCD
定價250元

3 八式十六式太極拳＋VCD
定價250元

4 三十二式太極劍＋VCD
定價250元

5 四十二式太極劍＋VCD
定價250元

6 二十八式木蘭拳＋VCD
定價250元

7 三十八式木蘭扇＋VCD
定價250元

8 四十八式太極劍＋VCD
定價250元

彩色圖解太極武術

1 太極功夫扇
定價220元

2 武當太極劍
定價220元

3 楊式太極劍
定價220元

4 楊式太極刀
定價220元

5 二十四式太極拳+VCD
定價350元

6 三十二式太極劍+VCD
定價350元

7 四十二式太極劍+VCD
定價350元

8 四十二式太極拳+VCD
定價350元

9 楊式十六式太極劍
定價350元

10 楊氏二十八式太極拳+VCD
定價350元

11 楊式太極拳四十式+VCD
定價350元

12 陳式太極拳五十六式+VCD
定價350元

13 吳式太極拳五十六式+VCD
定價350元

14 精簡陳式太極拳八式十六式
定價220元

15 精簡吳式太極拳三十六式 拳架·推手
定價220元

16 夕陽美功夫扇
定價220元

17 綜合四十八式太極拳+VCD
定價350元

18 三十二式太極拳 四段
定價220元

19 楊式三十七式太極拳+VCD
定價350元

20 楊氏五十一式太極劍+VCD
定價350元

21 嫡傳楊家太極拳精練二十八式
定價220元

22 嫡傳楊家太極劍五十一式
定價220元

太極跤

1 太極防身術
定價300元

2 擒拿術
定價280元

3 中國式摔角
定價350元

簡化太極拳

1 陳式太極拳十三式
定價200元

2 楊式太極拳十三式
定價200元

3 吳式太極拳十三式
定價200元

4 武式太極拳十三式
定價200元

5 孫式太極拳十三式
定價200元

6 趙堡太極拳十三式
定價200元

原地太極拳

1 原地綜合太極二十四式
定價220元

2 原地活步太極四十二式
定價200元

3 原地簡化太極拳二十四式
定價200元

4 原地太極拳十二式
定價200元

5 原地青少年太極拳二十二式
定價220元

6 原地兒童太極拳十捶十六式
定價180元

健康加油站

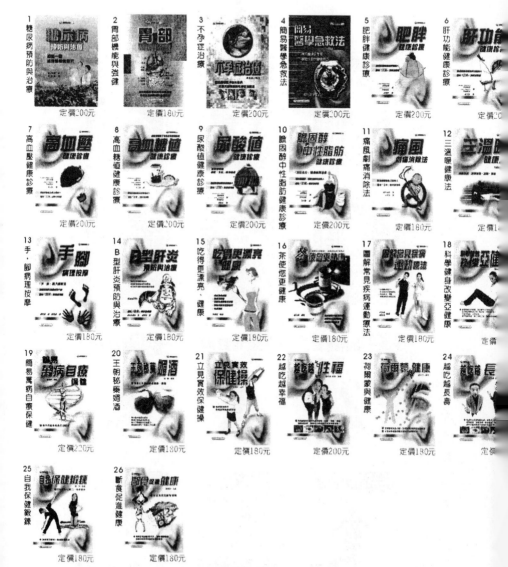

1 糖尿病預防與治療　定價200元

2 胃部機能與強健　定價180元

3 不孕症治療　定價200元

4 簡易醫學急救法　定價200元

5 肥胖健康診療　定價200元

6 肝功能健康診療　定價20

7 高血壓健康診療　定價200元

8 高血糖值健康診療　定價200元

9 尿酸值健康診療　定價200元

10 膽固醇中性脂肪健康診療　定價200元

11 痛風劇痛消除法　定價180元

12 三溫暖健康法　定價1

13 手・腳病理按摩　定價180元

14 B型肝炎預防與治療　定價180元

15 吃得更漂亮、健康　定價180元

16 茶便您更健康　定價180元

17 圖解常見疾病運動療法　定價180元

18 科學健身改變亞健　定價

19 簡易萬病自療保健　定價220元

20 王朝秘藥婚酒　定價180元

21 立見實效保健操　定價180元

22 越吃越幸福　定價200元

23 荷爾蒙與健康　定價180元

24 越吃越長壽　定價

25 自我保健鍛鍊　定價180元

26 斷食促進健康　定價180元

運動精進叢書

1 怎樣跑得快
定價200元

2 怎樣投得遠
定價180元

3 怎樣跳得遠
定價180元

4 怎樣跳的高
定價180元

5 高爾夫揮桿原理
定價220元

6 網球技巧圖解
定價220元

7 排球技巧圖解
定價230元

8 沙灘排球技巧圖解
定價230元

9 撞球技巧圖解
定價230元

10 籃球技巧圖解
定價220元

11 足球技巧圖解
定價230元

12 羽毛球技巧圖解
定價220元

13 乒乓球技巧圖解
定價220元

14 曲線球與飛碟球
定價300元

15 街頭花式籃球
定價280元

16 精彩高爾夫
定價330元

17 巴西青少年足球訓練方法
定價230元

國家圖書館出版品預行編目資料

太極拳入門 /《中華武術》編輯部　編
　　──初版，──臺北市，大展，2008〔民 97.08〕
　　面；21 公分 ──（武術特輯；101）
　　ISBN　978－957－468－631－5（平裝）

1. 太極拳
528.972　　　　　　　　　　　　　　　　97011128

太極拳入門

ISBN 978－957－468－631－5

編　　著/《中華武術》編輯部
主　　講/李德印　門惠豐
責任編輯/李彩玲
發 行 人/蔡森明
出 版 者/大展出版社有限公司
社　　址/台北市北投區（石牌）致遠一路 2 段 12 巷 1 號
電　　話/（02）28236031・28236033・28233123
傳　　眞/（02）28272069
郵政劃撥/01669551
網　　址/www.dah-jaan.com.tw
E - mail / service@dah-jaan.com.tw
登 記 證/局版臺業字第 2171 號
承 印 者/國順文具印刷行
裝　　訂/建鑫裝訂有限公司
排 版 者/弘益電腦排版有限公司
授 權 者/北京人民體育出版社
初版 1 刷/2008 年（民 97 年）8 月

定　　價/280 元

大展好書　好書大展
品嘗好書　冠群可期